채용 대전환,
학벌 없는 시대가 온다

7인의 전문가가 들려주는 채용과 교육에 관한 놀라운 이야기

채용 대전환, 학벌 없는 시대가 온다

초판 1쇄 펴낸날 2022년 12월 19일

지은이 손주은·이소영·도현명·신태균·이형우·이혜영·송인수
펴낸이 홍지연

편집 홍소연 고영완 전희선 조어진 서경민
디자인 전나리 박해연
마케팅 강점원 최은 신종연
경영지원 정상희 곽해림

펴낸곳 (주)우리학교
출판등록 제313-2009-26호(2009년 1월 5일)
주소 03992 서울시 마포구 동교로 12안길 8
전화 02-6012-6094
팩스 02-6012-6092
홈페이지 www.woorischool.co.kr
이메일 woorischool@naver.com

ISBN 979-11-6755-084-2 03370

• 책값은 뒤표지에 적혀 있습니다.
• 잘못된 책은 구입한 곳에서 바꾸어 드립니다.

만든 사람들
편집 한미경
디자인 책은우주다seungdesign@hanmail.net

채용 대전환, 학벌 없는 시대가 온다

손주은·이소영·도현명·신태균·이형우·이혜영·송인수 지음

7인의 전문가가 들려주는 채용과 교육에 관한 놀라운 이야기

우리학교

들어가는 말

교육의 봄은 옵니다.
우리 삶을 걸고 하는 선언입니다.

이 책은 교육의봄이 채용과 관련해 펴내는 두 번째 도서입니다. 먼저 펴낸 책 『채용이 바뀐다 교육이 바뀐다』(우리학교)는 대한민국 기업들의 업종별 채용 현황을 살피고 이것이 교육에 주는 메시지를 담았습니다. 최근 채용이 변화하고 있다는 이야기는 많았지만, 그것을 기업 업종을 망라하고 이를 데이터로 종합해 정리한 것은 이 책이 처음이었습니다. 그래서 이 책을 읽는 이들마다 놀라며 교육의 방향에 대해 고민하고 있습니다.

이번에 펴내는 책은 이런 변화의 흐름을 7명의 전문가들로부터 더 깊이 있게 듣고자 기획한 것입니다. 손주은 메가스터디 회장, 이소영 마이크로소프트사 이사, 도현명 임팩트스퀘어 대표, 신태균 전 삼성인력개발원 부원장, 이형우 마이다스아이티 회장, 이혜영 아쇼카 한국 대표, 송인수 교육의봄 공동대표 등 총 7명의 전문가가 이 책의 저자로 참여했습니다. 원래 이분들은 교육의봄이 2022년 '학벌 없는 채용의 시대가 온다'라는 7회 연속 특별 강연의 강사로 초대한 분들이었습니다. 그런데 이분들의 강연이 청중들로부터 폭발적인 반응을 얻는 것을 보며 더 많은 사람들에게 알리고자 강연과 이어진 질의응답을 정리하여 책으로 엮었습니다.

1장의 저자 손주은 메가스터디 회장은 사교육 업계의 상징적 인물입니다. 그는 새로운 직업의 시대가 도래하면서 좋은 학벌을 갖추면 성공하는 모델이 통하는 시대는 끝났다고 말합니다. 학벌 스펙과 주입식 암기 교육의 시대가 저물고 아이들에겐 지금까지의 사교육이 길러 주려던 것과는 다른 능력이 필요하다고 말합니다. 따라서 현재의 대학 입시를 위한 사교육은 전망이 없다고 진단하며 아예 '사교육은 10년 후에 사라진다!'는 말까지 합니다. 사교육 업계의 이해관계와 충돌하는 발언을 서슴없이 하는 그가 한국 사회와 직업의 미래에 대해 들려주는 이야기는 신선합니다.

2장의 저자 이소영 마이크로소프트사 이사는 『홀로 성장하는 시대는 끝났다』(더메이커)의 저자이기도 합니다. 그는 빌 게이츠 창업자 시대 이후 마이크로소프트사[MS]가 2대 회장 스티브 발머와 3대 회장 사티아 나델라 회장의 18년 시기를 지날 때 직원으로서 그 기간을 함께하면서 자신이 겪었던 변화와 반전의 이야기를 들려줍니다. 그는 우리가 익숙하게 알던 인재상과 상대평가 중심의 기업의 인사 관리 방식이 옳은 것이 아님을 역설합니다. 특히 기업인의 관점에서만이 아니라 기업에서 얻은 통찰을 자녀를 키우는 과정에 적용한 경험과 지혜를 풀어냄으로써 그의 말이 더욱 진실되게 느껴지게 합니다.

3장의 저자 도현명 임팩트스퀘어 대표는 네이버에서 활발히 활동하다가, 젊은 시절에 모든 것을 내려놓고 스타트업 등을 육성하는 투자 회사를 설립한 분입니다. 그는 직업은 어떻게 찾아오고, 또한 직업의 의미는 무엇인지에 대해서 우리가 당연하게 생각하는 고정관념에 맞섭니다. 그 자신이 기업을 창업했고 또한 스타트업 창업을 지원하는 투자 회사를 운영하면서 깨달은 것을 토대로 변화의 흐름을 이야기하고 있어 그의 말엔 깊은 설득력이 있습니다.

4장의 저자는 신태균 KAIST 겸직교수이자 전 삼성인력개발원 부원장입니다. 한번 강연을 시작하면 끝도 없이 쏟아져 나오는 그의 해박함과 통찰에 탄복합니다. 그는 오랫동안 삼성그룹의 연수 총괄 책임자로 일하며 산업의 변화와 인재상의 세계적 변화의 흐름을 경험했고, 이것을 강연에 고스란히 담았습니다. 메타버스 시대에 '인재 4.0'이라는 개념은 그것을 압축한 표현입니다. 산업과 인재상의 변화가 먼 미래에 남의 나라가 아니라 우리에게 다가온 구체적인 현실임을 실감할 것입니다.

5장의 저자 이형우 마이다스아이티 회장은 1000대 1이라는 입사 경쟁률을 보이는 IT 회사의 책임자입니다. 그는 기업 책임자이면서 학교 교육에도 매우 깊은 관심을 갖고 있습니다. 그래서 기업인인지 아니면 교육 혁신가인지 그 경계가 무의미할 정도로 이 두 과제가 그분 속에 통합되어 있습니다. 그는 '학벌이 좋으면 일도 잘할 것이다'라는 오랜 신화에 정면으로 맞서며 이를 입증할 탁월한 근거와 매력적인 채용의 대안을 제시합니다. 채용과 교육의 미래에 대해 그가 들려주는 이야기는 매우 신선합니다.

6장의 저자 이혜영 아쇼카 한국 대표는 국제 사회에서 인재의 개념이 변화하는 흐름을 아쇼카의 관점에서 설명해 줍니다. 아쇼카는 전 세계 사회혁신가 4000명을 발굴하고 그들을 지원하며 세상의 변화를 응원하는 국제적 조직입니다. 그는 이 사회혁신가들 속에서 발견한 내면과 정신의 공통적인 특징을 확인하며, 그것을 다음 세대 아이들에게 길러 주기 위한 지혜를 이야기합니다. 세상의 변화라는 차원에서 영리 기업과 비영리 단체의 경계가 희미해지는 지금, 아쇼카의 통찰은 우리 교육이 갈 길에 큰 시사점을 줄 것입니다.

7장의 저자 송인수 교육의봄 공동대표는 위 저자들의 발표 내용을 정리하며, 학교와 가정이 나아갈 길을 말합니다. 특히 교육 단체 최초로 입시 경쟁의 문제를 푸는 지렛대로 '기업의 채용'을 선택한 배경을 설명하며, 나아가 채용 변화와 관련된 쟁점들을 정리하고 그 전망을 제시합니다. 또한 이런 변화가 가속화되고 학교 교육의 변화로 이어지도록 교육의봄이 앞으로 무슨 일을 할 것인지에 대해 가슴 벅찬 도전의 이야기를 들려줍니다.

7명의 전문가가 들려주는 메시지는 심대합니다. 전작 『채용이 바뀐다 교육이 바뀐다』와 이 책을 함께 읽어 보시면 기업의 채용은 변화가 불가피하구나라는 점과, 따라서 학벌 중심의 현재 교육의 낡은 질서를 더 이상 이대로 방치할 수는 없겠구나라는 사실을 공감하실 것입니다. 앞으로는 학벌·스펙에 의존하지 않는 채용이 대세가 될 것입니다. 지금까지 우리 기업들의 채용 철학은 '인풋input 중심'이었습니다. 즉, 출신 학교와 전공, 학점, 필기시험, 영어 토익 점수 이런 것들을 통해 사람의 일하는 능력을 '미루어 짐작'했습니다. 문제는 이런 채용 방식이 정확도가 떨어진다는 것입니다. 인재가 기업 생존의 열쇠인데 이런 부정확한 방식의 채용은 기업에도 손해입니다.

그런데 채용 기술의 놀라운 발전으로 사람의 감추어진 역량을 직접 확인할 수 있는 '아웃풋output 중심' 채용의 시대가 열렸습니다. 채용 영역에서 거짓말 탐지기가 개발된 셈입니다. 학벌·스펙에 의존하지 않고, 다단계 면접과 포트폴리오 기반 수시 채용, 인턴제, 블라인드 채용, AI 데이터 기반 면접과 역량검사 등, 사람의 역량을 학벌로 막연히 추정하지 않고 혁신적인 기술로 직접 확인하는 채용의 시대가 시작된 것입니다. 이 거대한 흐름을 그 어떤 것도 막을 수 없게 될 것입니다.

여기에 기존의 직업 세계에 취업하는 것이 상식인 시대에서, 저마다 자기다움을 따라 창업을 하는 이른바 '직업의 발견' 시대도 활짝 열리고 있습니다.

이런 취업과 창업의 트렌드가 뚜렷하고 그 흐름이 전면화된 이상, 교육도 비상한 자세로 변화의 길을 가야 합니다. 아이들을 입시 경쟁 교육에 맞추어 길러 내면, 후일 그들은 우리를 원망할 것입니다. “당신들이 나에게 입시 경쟁에서 남보다 앞서도록 요구해서, 그간 나다움을 포기하며 경쟁 교육에 맞추어 살았는데, 기업은 이런 나를 쓸모없는 존재라고 외면합니다. 엄마 아빠, 선생님! 직업 세계의 그런 변화를 아셨어요?”라고 반문하면서 말입니다. 더 늦기 전에 우리는 각성해야 합니다. 학교와 가정의 변화, 좋은 교육 모델의 발굴과 이를 반영한 대학 입시의 근본적 변화의 길로 나서야 합니다. 격변하는 직업 사회는 우리에게 그것을 요구합니다.

교육의봄은 그 사명을 위해 출발했습니다. 독자 여러분이 우리와 함께 이 길을 간다면, 아이들과 어른들이 그토록 원하던 입시 경쟁 고통이 없는 세상, 사교육 걱정이 없는 세상을 언젠가 맛보게 될 것입니다. 그리하여 아이들마다 생명의 힘과 자기다움의 빛깔을 가지며 세상에 기여하는 길로 나아갈 것입니다. 논평가로 말하는 것이 아니라, 우리의 삶을 다 걸고 하는 선언입니다. 기대하셔도 좋습니다.

2022년 12월

재단법인 교육의봄 공동대표 송인수 윤지희

차례

1

새로운 직업의 시대

: 학벌의 시대는 끝났다!

손주은 | 메가스터디 회장

한국의 사교육은
세계 어느 나라에나 있는 일반적인 의미의 사교육과는 다릅니다.
고도 압축 성장의 부산물이기 때문입니다.
한국적 특수성으로서의 사교육은 앞으로 10년 안에 사라질 수도 있다고
조심스럽게 예측해 봅니다.

저에게 교육의봄과의 만남은 아주 특별합니다. '사교육의 괴수'와 '사교육의 킬러'의 만남이라고 할 수 있으니까요. 저는 그동안 제 의도와는 관계없이 사교육계의 상징적인 인물이 된 것 같습니다. 교육의봄의 두 분 대표님은 일반적인 시각으로 보면 사교육의 킬러라고 할 수 있겠고요. 그래서 이렇게 좀 유머러스하게 표현을 해 보았습니다.

오늘은 저의 개인적인 이야기와 함께 사교육 시장의 변화에 대해 살펴보겠습니다. 제 직업인으로서의 삶이 사교육 시장의 변화와도 맞닿아 있으니까요. 한국의 사교육은 다른 나라의 사교육과는 다릅니다. 자연스럽게 생겨난 것이 아니라 고도 압축 성장의 부산물이기 때문입니다. 이런 엄청난 성장 뒤에는 그림자도 그만큼 크기 마련입니다. 사교육은 당분간 성장하겠지만, 앞으로 10년 안에는 사라지지 않을까 조심스럽게 예측해 봅니다. 그럼 이 변화의 시기에 우리 교육은 어떻게 달라지고, 앞으로는 어떤 직업을 가져야 할까요?

'사교육의 괴수'와 '사교육의 킬러'의 만남

저는 우연히 사교육계에 발을 들이게 되었습니다. 1987년에 학생들을 2년만 가르치자 했다가 인생이 꼬이면서 10여 년간 소수정예로 강남의 부잣집 아이들을 가르쳤습니다. 아이들을 가르치면서 고민이 많았습니다. 제가 가르친 아이가 좋은 결과를 내는 것은 기쁜 일이고 개인 윤리로는 선한 일인데 그로 인해 다른 누군가는 성적이 떨어지고 구조적 불평등이 심화되니 사회 윤리로는 악이 아닌가 싶었기 때문입니다.

그래서 사교육 시장을 떠나려고 했습니다. 그런데 막상 그만두려 해도 할 수 있는 일이 많지 않았습니다. 제가 잘할 수 있는 일은 강의밖에 없었어요. 그래서 부잣집 아이들을 대상으로 하는 고액 학원이 아닌 대중 강의를 선택했습니다. 친구의 도움으로 강남 대일학원에 들어가 처음에 10개 반에 강의를 개설했습니다. 그런데 7개 반에는 학생이 한 명도 없었고 3개 반에는 2~3명이 들어왔습니다. 첫 달 월급이 32만 원이었어요. 아내가 "제대로 정신이 나갔구먼"이라고 하더군요. 그러나 저는 제 선택에 만족했고 당당했어요.

그 후 저는 사회과목 전체를 묶은 '손 선생 통합사회'를 내놓았습니다. 이후 5개월 만에 20개 전 강의가 마감되고, 듣고자 하는 학생들이 많아서 한 강의실에 250명, 월 5000명을 가르치는 강사가 됐죠. 그때부터 대치동 사교육 현상이 나타나기 시작했습니다.

저는 사회 윤리와 개인 윤리의 충돌을 극복하기 위해서 가장 잘할 수 있는 대중 강의를 선택했는데 대치동 사교육 현상과 함께 아파트값이 오르는 사회 문제를 야기하게 된 것입니다. 고민 끝에 TV 홈쇼핑이 시작되면서 백화점이 집으로 오게 된 것처럼 어느 특정 지역이 아니라 전국에서 값싸고 좋은 강의를 들을 수 있게 해야겠다고 생각하고 1999년에 처음으로 유니텔에서 온라인 강의를 시도했습니다. 음성만 전송하는데도 생각보다 많은 학생이 듣더라고요. 그래서 이듬해 4월쯤 회사를 차리기로 결심하고 7월에 법인 등록을 하고 9월 초에 음성만 전송하는 방식으로 온라인 강의 서비스를 시작했습니다. 세계 최초로 온라인 강의 서비스를 상용화한 것입니다.

지금까지 사교육 업계에 몸담으면서 느낀 것은 사교육의 지역적 불평등은 어느 정도 해소되었지만 비즈니스 측면에서는 제가 생각하던 것과는 전혀 다른 방향으로 가는 것도 있다는 것입니다. 저는 사교육에 대해서 비판적인 이야기를 많이 합니다. 그래서 직원들은 회사 내부 게시판에 "우리 회장님은 군수공장 공장장인데 반전주의자다"라고 써 놓기도 해요. 밖에서는 사교육의 괴수이지만 사교육 시장 안에서는 '사교육에 대해서 상당히 비판적이고 우리의 이익에

별로 도움이 안 되는 사람'이라는 평가도 받고 있습니다.

'네카라쿠배당토'를 아세요?

코로나19로 인해 이 세상에 엄청난 변화가 온 것 같습니다. 누군가는 이 세상을 기원전BC과 기원후AD가 아니라 BCBefore Corona와 ACAfter Corona로 나눠야 한다고 말하기도 합니다. 그만큼 코로나19라는 감염병이 세상을 엄청나게 바꿔 놓고 있는 것이죠. 그런데 이 변화는 마치 도둑처럼 왔습니다. 우리가 이전에 미래는 이렇게 변할 거라고 막연하게 이야기했던 것들이 코로나19를 계기로 갑작스럽게 현실이 되어 버린 것입니다.

젊은이들 사이에서 대학 서열도 빠른 속도로 바뀌고 있는 것 같습니다. '서연고서성한이중경외시'라는 말은 들어 보셨죠? 그런데 요즘 젊은이들 사이에서는 '네카라쿠배당토'라는 서열이 훨씬 더 회자되고 있다고 합니다. '네카라쿠배당토'는 네이버, 카카오, 라인, 쿠팡, 배달의민족, 당근마켓, 토스를 말합니다. 이들 기업에 다니는 것이 스카이 대학 나온 것보다 더 낫다는 것이죠.

이렇게 어느 기업에 취업하느냐가 더 중요해지면서 대학 서열은 점차 의미를 잃게 될 것입니다. 교육의봄에서 진행하고 있는 이번 강연의 주제인 채용이 바뀌면 교육이 바뀌고 학벌의 시대도 달라진다는 것과 일맥상통하는 부분도 있습니다.

그렇다면 교육이 진짜 그렇게 바뀔 것이냐에 대해서는 아직 물음표가 있습니다. 우리가 교육에 대해서 말할 때 이런 비유를 하곤 합니다. 19세기 교실에서 20세기 교사가 21세기 학생을 가르치고 있다고요. 그런 상황은 지금도 여전히 계속되고 있습니다. 그래서 이제 학교를 떠나서 교육을 논의할 때가 아닌가 하는 생각을 합니다. 실제로 우리는 학교보다 유튜브 등에서 지식을 더 습득합니다. 저도 무엇인가를 알고 싶으면 일단 유튜브에 들어가서 검색을 합니다. 이처럼 학교는 더 이상 지식을 전수하고 습득하는 곳이 아니게 될 것입니다.

여기에 인공지능AI이 교육과 결합하면서 교사의 역할도 바뀔 것입니다. AI가 학생을 가르치는 것이 가장 효과적일 것이라고 생각하게 되겠죠. 학교가 학생의 시민 의식을 키우고 하나의 완성된 인격체로서 성장해 가는 데 분명 큰 역할을 했지만, 한편으로는 낙오자를 늘린 측면도 큽니다. 커리큘럼이나 교육과정을 초등학교에서는 5퍼센트가 따라가지 못했다면 중학교에서는 20퍼센트, 고등학교에서는 60퍼센트가 따라가지 못합니다. 그럼 대학까지 해서 교육의 본래 목표를 달성했느냐? 오히려 실패와 낙오의 경험을 더 많이 키운 게 아닌가 싶습니다.

AI 교육 혁명은 이 모든 것을 바꿔 놓게 될 것입니다. 철저한 맞춤 교육이 가능하니까요. 교사의 역할도 '티칭'이 아니라 '코칭'으로 바뀌게 됩니다. 그럼 학교 중심 교육에 대해서도 생각을 바꿔야 할 때가 되었습니다.

사교육은 10년 안에 사라질 수도 있다

이 모든 것을 고려할 때 교육의 패러다임이 바뀌고 있다고 생각합니다. 이것을 이야기하려면 그 변화를 시간 순으로 봐야 합니다. 우리 부모 세대는 성공 방정식을 아주 단순하게 생각했습니다. 명문대 진학이 곧 성공이라고요. 그런데 이것이 우리 사회에서 가능했던 이유가 있습니다. 개항 이후부터 대한민국 건국 과정까지가 고통과 굴곡의 역사이지 않습니까? 그런데 이 과정에서 좀 역설적인 게 있습니다.

필리핀이나 다른 동남아 국가들은 식민지에서 벗어나고 나라가 건국되는 과정에서 지배 세력이 그대로 존재했기 때문에 빈부 격차가 컸습니다. 반면에 우리는 일본의 악랄한 식민지 수탈로 인해 남은 게 없었습니다. 게다가 해방 이후 남북이 분단되고 전쟁의 참화를 겪으면서 1950년대에는 세계에서 가장 가난했습니다. 하지만 그 안에서는 나름 평등한 사회였고, 빈부 격차가 그렇게 크지 않았습니다. 모두 바닥에서부터 출발하니까 열심히 하면 성공할 수 있다는 희망이 있었습니다. 그래서 부모 세대는 희망을 안고 자신은 비록 못 먹고 못 배워도 자식은 잘살게 해야 한다는 생각으로 교육을 시켰습니다. 부모의 기대대로 자식은 좋은 대학을 가고 대기업에 취업하면서 중산층으로 편입했습니다.

1960년대 후반에서 1970년대로 들어오면서 빠른 산업화를 하면서 이후 30여 년간 연평균 10퍼센트의 경제 성장을 했습니다. 이것은 세계 어느 나라에서도 유례를 찾기 힘듭니다. 이런 빠른 산업화 시기에는 많은 인력이 필요했습니다. 그래서 좋은 대학을 나오면 대기업에 들어가고, 시간이 지나면 계열사의 전무나 사장으로 갔습니다. 이렇게 중산층으로 편입했습니다. 그런데 지금은 이런 역동적인 중산층이 무너졌습니다. 그런데도 부모 세대는 자신이 공부를 열심히 해서 명문대에 진학하고 중산층으로 자리 잡은 경험을 바탕으로 자녀도 그렇게 살기를 바라면서 사교육을 적극 활용했습니다.

그러다 보니 한국의 사교육은 세계 어느 나라에나 있는 일반적인 의미의 사교육과는 다릅니다. 고도 압축 성장의 부산물이기 때문입니다. 이런 빠른 성장은 어두운 그림자가 있기 마련입니다. 이 그림자는 2000년대 이후 20~30년은 더 가겠지만 사회가 성숙해지면서 한국적 특수성으로서의 사교육은 자연스럽게 약화되거나 사라질 것입니다. 앞으로 10년 안에 한국적 사교육이 사라질 수도 있다고 조심스럽게 예측해 봅니다.

이제는 뉴 칼라의 시대

우리나라의 사교육 지도를 한번 그려 볼까요? 10~15년 전(사교육걱정없는세상 활동 시절)이 사교육의 절정이었습니다. 사교육을 빨간색으로 표시하면 도시든 지방이든 온통 빨갰습니다. 지금은 서울 대치동과 중계동, 대구 수성, 부산 해운대 등 일부만 빨갛고 나머지는 색깔이 많이 옅어졌습니다. 초등이나 중등 쪽은 입시보다 보육 기능이 더 강화된 측면도 있습니다.

이렇게 바뀌게 된 것은 취업과 관련이 있습니다. 좋은 대학을 나와도 취업이 잘 안 되거든요. 사교육에 익숙한 학부모들은 아는 거죠. 그래서 대치동 사교육이 말기적 모습을 보이는데, 의대 몰빵 현상도 그중 하나입니다. 의대 가려는 학생들만이 이곳에 옵니다. 그 외 지역은 옛날만큼 사교육에 적극적이지 않습니다.

그런데 왜 사교육비는 계속 늘어날까요? 여기에는 또 다른 비밀이 숨겨져 있습니다. 학원비가 엄청나게 올랐습니다. 사교육이 신고제가 되고 정부가 사교육을 산업으로 인정하려고 합니다. 그러다 보니 예전처럼 수업료를 규제하지 않습니다. 제가 강의할 때보다 시간당 수업료가 3배 정도 올랐습니다. 학원 교재도 일반 교재보다 3배 이상 비쌉니다. 그런데 온라인 강의 상품은 저렴하거든요. 메가스터디에서 파는 상품의 경우 50만~70만 원이면 수험 생활을 끝낼 수 있습니다. 이렇게 싸다 보니까 학생들이 신학기에 학용품을 준비하듯이 메가스터디, 대성, 이투스 것을 다 사 놓습니다. 그런데 막상 수업을 들으려고 하면 교재를 따로 사야 합니다. 이런 이유로 사교육

참여율이 정체했거나 떨어졌는데, 오히려 사교육비는 많이 오른 것이죠.

앞에서 부모 세대의 성공 방정식이 지금은 많이 달라졌다고 했습니다. 2017년 세계경제포럼(다보스 포럼)에서 기조연설을 했던 지니 로메티Ginni Rometty 전 IBM 회장은 '이제 뉴 칼라의 시대가 온다'라고 말했습니다. 산업화 시대에는 블루칼라였다가 사무직의 화이트칼라 시대를 지나 4차 산업혁명과 함께 뉴 칼라의 시대가 되었다는 것이죠. 특히 IT나 스타트업 기업에서 그런 현상이 두드러집니다. 화이트칼라 시대에는 평균적 교육이 중요했습니다. 그러나 지금은 학력보다는 실무 능력이 중요합니다.

그래서 문과생들이 부전공으로 컴퓨터공학을 선택하고 있습니다. 코딩 쪽 인력이 많이 모자라거든요. 기존 대학의 학제와는 다른 변화가 이미 일어나고 있는 것입니다. 특히 IT 업계는 학벌이나 학력을 거의 보지 않고 실무 능력을 중요하게 생각합니다. 코딩은 협력이 중요합니다. 아무리 어플을 잘 만들었다고 해도 관련 부서가 서로 손발이 맞지 않으면 제대로 작동하지 않습니다. 학벌보다는 역할 분담과 협력하는 관계를 중시한다는 것이죠.

세계경제포럼 회장이자 경제학자인 클라우스 슈바프Klaus Schwab는 직무 급변의 시대가 왔다고 말합니다. 또한 영국 옥스퍼드대 칼 프레이 교수와 마이클 오스번 교수는 논문 「고용의 미래」에서 20년 안에 자동화와 기술 발전으로 미국의 직업 47퍼센트가 사라질 것이라고 주장합니다.

한국고용정보원 자료를 보면 AI가 2020년에는 평균 41.3퍼센트 가량 대체하고, 2025년에는 70.6퍼센트가 될 것이라고 합니다. 가장 많이 직무 대체가 이루어지는 직종은 서비스직이나 판매직입니다. 이제 마트에서 캐셔의 일을 AI가 담당한다는 것이죠. 미국의 아마존고Amazon Go는 4~5년 전부터 매장에서 물건을 가지고 나오면 자동으로 계산이 됩니다. 그 밖에 고객 상담원, 생산·제조 단순 종사자, 치과 기공사, 의료 진단 전문가, 금융 사무원, 번역가 등도 AI로 인해 사라질 위기에 처한 직업군입니다.

업종	2016년	2020년	2025년
전체	**12.5%**	**41.3%**	**70.6%**
관리자	7.1%	22.7%	49.2%
전문가 및 관련 종사자	7.8%	29.9%	56.3%
사무직	10.2%	32.2%	61.3%
서비스직	13.7%	45.2%	75.9%
판매직	11.9%	39.4%	74.2%
단순 노무직	25.9%	63.8%	90.1%

AI의 직종별 직무 능력 대체율

출처: 한국고용정보원

대학이 시대의 흐름에 따라가지 못하면서 학벌이 무너지는 측면도 있다고 생각합니다. 그래서 사물 인터넷IOT, AI 데이터 등을 대학에서 공부하는 것보다는 스타트업에서 배우든지 아니면 자기들끼리 스터디 그룹을 만들어 익히는 것이 활성화되어 있습니다. 3D 프린팅, 드론 등의 관련 자격증도 따고 있습니다. 생명공학, 정보 보호, 로봇공학 등도 앞으로 상당히 유망하다고 봅니다.

잘 노는 것이 곧 직업

이렇게 직무가 AI로 대체되면 사람들은 무엇을 해야 할까요? 저는 이런 생각이 들더라고요. 잘 노는 것이 직업이 되는 세상이 왔다고요. 잘 노는 것이 생산이 되는 시대가 온 것이죠. 경제학에서 생산은 부가가치의 증가를 의미하는데, 어떻게 잘 노는 것이 생산이 되느냐고 되물을 수도 있습니다. AI가 부가가치를 생산하면, 정부는 젊은 친구들이 행복하게 살고 놀면 돈을 줘야 한다고 생각합니다. 앞으로의 세상은 그렇게 가야 합니다. 내가 열심히 노래하고 뛰어다니고 운동하고 한 것이 경제적 가치로 평가되어야 하는 것이죠.

이미 유튜브 등에서는 이런 방식을 실현하고 있습니다. 학생들이 재미있게 노는 걸 유튜브에 올렸습니다. 그럼 이것을 지켜보는 사람들이 있습니다. 이른바 멀티채널 네트워크MCN를 관리하는 업체들입니다. 눈에 띄는 크리에이터가 있으면 그들은 이렇게 말합니다. '우리가 관리해 줄 테니 넌 열심히 놀기만 해.' 그래서 영상을 찍어 올려서 조회 수가 높으면 거기에 광고가 붙고 해서 큰돈을 버는 것이죠.

이 예에서 알 수 있듯이 분명 노는 것이 생산이 되는 시대가 왔습니다. 제가 어릴 때 부모님은 '판검사가 되어라'라고 기회가 있을 때마다 말했습니다. 저는 '판검사'가 '판사'와 '검사'를 합친 말인 줄도 모르고 판검사라는 직업이 있는 줄 알았어요. 요즘 초등학생들이 선호하는 직업이 무엇인 줄 아세요? 운동선수, 의사, 교사에 이어 유튜브 크리에이터가 4위입니다. 초등학생이 가장 가고 싶어 하는 직장이 어디인 줄 아세요? 네이버나 삼성이 아니라 바로 샌드박스입니다. 아까 말한 MCN 회사입니다. 유튜브 크리에이터를 발굴하고 관리합니다. 여러 멀티채널을 운영도 하고 괜찮은 데는 과감하게 투자도 합니다. 산업 사회나 우리 부모 세대가 살던 방식과는 많이 달라졌습니다.

교육 역시 바뀔 수밖에 없습니다. 또 교육의 패러다임을 바꿀 수밖에 없는, 바꾸지 않으면 안 되는 큰 문제가 하나 있습니다. 우리 사회가 안고 있는 폭탄 같은 문제입니다. 바로 인구 문제입니다. 사실 박정희 정부 때 인구 정책을 잘못 세웠어요. 당시에는 어린아이들이 많아서 피라미드 구조를 이루니까 강력하게 산아 제한을 했습니다. 제가 초등학교에 다닐 때는 '아들·딸 구별 말고 둘만 낳아 잘 기르자' 또는 '하나씩만 낳아도 삼천리는 초만원'이라고 했습니다. 그러다가 '하나만 낳아 잘 기르자'로 바뀌었습니다. 이렇게 인구 정책을 근시안적으로 추진한 결과 지금에 이르게 된 것입니다.

어린아이가 많으면 어느 정도 시간이 지나면 생산력이 좋은 인구 구조가 될 수밖에 없습니다. 우리나라가 2000년에는 인구 구조가 전 세계에서 가장 좋았습니다. 그러나 뒤로 갈수록 역피라미드 구조가 되었습니다. 2018년에는 5000만 명 중에서 3800만 명이 일했습니다. 피부양 인구가 1200만 명밖에 안 되니까 경제 활력이 엄청 좋았습니다. 인구 부양비도 38퍼센트로 낮은 수준이었습니다. 100명이 38명만 먹여 살리면 되었거든요.

그러나 2067년에는 2018년과 정반대 상황이 됩니다. 인구는 5000만 명에서 생산 연령층(부양 인구)이 1800만 명으로 줄어들고, 인구 부양비는 120이라는 인류 역사에 한 번도 경험해 보지 못한 숫자가 나올 것입니다. 100명이 120명을 먹여 살려야 하는 것이죠. 1명의 어깨에 1.2명을 얹고 있는 거예요.

그런데 실제로 인구 비율이 그렇지 경제 활동 인구를 따지면 그보다 훨씬 더 큽니다. 전업주부나 학생 등 경제 활동을 하지 않는 사람도 이 숫자에 들어가 있거든요. 이렇게 총부양비가 100이 넘어가는 나라가 없습니다. 그런데 우리나라는 앞으로 20년이 지나면 이 단계로 넘어갑니다. 심각한 문제입니다. 인구 구조가 역피라미드가 된다고 생각해 보세요. 의료 기술은 발전해서 더 오래 살고, 결혼을 해도 아이를 많이 낳지 않습니다. 지금도 합계출산율은 0.81명으로 채 1명이 되지 않습니다.

따라서 생산 연령층을 보완할 수 있는 적극적인 대책을 세우지 않으면 우리 경제의 활력이 떨어질 수밖에 없습니다. 1명이 1만 명이 아니라 10만 명, 100만 명을 먹여 살리는 인재들이 나올 수 있는 대책을 세워야 합니다. 지금과 같은 평균적 교육, 입시 문제를 푸는 교육으로는 안 됩니다.

직업의 시대에서 '업직' '창직'의 시대로

제가 사교육으로 돈을 벌고는 있지만 사회 문제에도 관심이 있습니다. 특히 교육과 관련한 문제에 관심이 많아요. 그래서 이런저런 말을 합니다. 그럼 사람들은 틀린 말은 아니지만 제가 그런 말을 할 자격이 없다고 합니다. 그럼에도 시대의 흐름을 읽는 사람으로서 말하지 않을 수 없습니다.

평균적 인간을 만들어 내는 커리큘럼에 의해 돌아가는 12년 학제의 교육은 더 이상 의미가 없다고 생각합니다. 평균적이라는 것 자체가 이미 말이 안 된다는 걸 토드 로즈Todd Rose가 『평균의 종말』에서 잘 이야기하고 있습니다. 이 책에 매우 인상적인 대목이 있습니다. 미국에서 공군 조종사들이 자꾸 사고를 냅니다. 왜 사고를 내는지 조사해 보니까 항공기의 조종간이 1940년대 미국 공군 조종사 4000

명의 항목별 신체 치수를 평균값을 내서 만들어 놓은 거예요. 그런데 실제로 이 평균값에 해당하는 사람이 한 명도 없더라는 거죠. 조종사 개개인에게 맞추지 않고 똑같이 하니까 사고가 났던 것입니다. 이후 그 부분을 개선하자 사고가 훨씬 줄었다고 합니다.

교육도 마찬가지입니다. 지능지수IQ가 높다고 해서 공부를 잘하는 게 아닙니다. 그런데 우리는 그것을 평균적으로 판단하려고 합니다. 사람의 성장 과정은 제각기 다릅니다. 어릴 때는 천천히 가다가 나중에 확 뜨는 사람이 있고, 어릴 때는 영재이지만 갑자기 성장이 멈추는 사람도 있습니다. 따라서 교육은 궁극적으로 개인에게 맞출 수밖에 없습니다. 그런데 산업혁명 이후 산업 사회라는 하나의 보편적 틀을 만들어 놓고 거기에 후행하는 장치로써 교육을 하다 보니 지금까지 평균적인 교육을 할 수밖에 없었습니다. 실패했다고 봐야죠. 그리고 미래 사회는 개인의 창의성이나 다양성이 존중되기 때문에 결국 교육이 창조적인 사고를 하는 방향으로 나아가야 하고, 창조적인 사고를 하는 세대가 승부를 걸 만한 자신의 일을 찾아가는 것이 우리 젊은이들이 가야 할 길이 아닌가 생각합니다.

우리나라 인구에 대해서 이야기하다가 여기까지 왔는데, 우리나라의 중위 연령(전체 인구를 연령순으로 일렬로 세웠을 때 한가운데 있는 사람의 나이)이 몇 세인 줄 아세요? 올해 기준으로 45세입니다. 반면에 동남아는 28~29세입니다. 앞으로는 동남아나 아프리카가 훨씬 경제 활력이 클 것입니다. 이 같은 인구 구조를 고려했을 때 100만 명을 먹여 살릴 수 있는 창의적인 인재가 나와야 이 나라에 미래가 있습니다.

인구 문제로 인해 우리의 미래가 어두운 건 사실이지만, 분명 극복할 것이라고 믿습니다. 고도 압축 성장의 부산물로서 사교육 현상이 나타났고, 부모 세대의 성공 방정식에 대한 착시 현상이 일종의 문화 지체culture lag로 아직 많이 남아 있지만, 이것은 어느 순간에 절벽 밑으로 뚝 떨어질 것입니다. 지금도 좋은 대학을 가는 것과 좋은 직장을 들어가는 것은 별 관계가 없고, 학벌의 시대가 끝나 가고 있다는 것을 어느 정도 인정합니다. 대학 진학에 대한 효용성이 많이 떨어진 것입니다. 이 같은 사실은 자료에서도 확인할 수 있습니다.

한국교육개발원 자료를 보면 1970년대, 80년대에는 4년제 대졸자 취업률이 거의 100퍼센트였습니다. 그런데 2012년에 이미 66퍼센트로 떨어졌어요. 2020년에는 61퍼센트가 되었고요. 수치로만 보면 5퍼센트밖에 안 떨어진 것처럼 보입니다. 하지만 이것은 실제 수치가 아닙니다. 지방 사립대의 경우 취업률을 높이기 위해 학생들에게 어떻게 해서든 회사에 들어가 건강보험에 가입하라고 합니다. 건강보험 가입 여부로 취업 통계를 내거든요. 그런데 회사에 들어가 2~3년이면 그만둡니다. 사정이 이러니 실제 취업률은 50퍼센트를 밑돈다고 봐야 합니다.

문과와 이과의 취업 또한 미스매치 현상이 심합니다. 이과의 경우 컴퓨터공학이나 코딩 쪽은 구인난에 시달리고 있습니다. 반면에 문과는 '문송합니다'라는 말이 나올 정도로 취업이 어렵습니다. 1인 기업이나 스타트업의 고용 인력이 많이 늘어났는데도 전체적으로는 취업률이 떨어지고 있습니다.

제가 요즘 자주 하는 이야기 중에 하나는 직업의 시대에서 '업직' 또는 '창직'의 시대로 가야 한다는 것입니다. 예전에는 내가 어떤 직장에 들어가면 그 직장에서 나한테 역할을 줍니다. 그게 업이 되어서 계속 그 일을 하게 되죠. 직장이 내 인생의 업을 정했습니다. 그러나 기업들은 예전처럼 공채로 많이 뽑지 않습니다. 기업이 10퍼센트씩 성장할 때는 1만 명도 뽑지만 1~2퍼센트 성장하는데 그렇게 뽑을 수가 없잖아요.

우리 회사도 수시 채용이 많고, 경력직을 주로 뽑습니다. 그러다

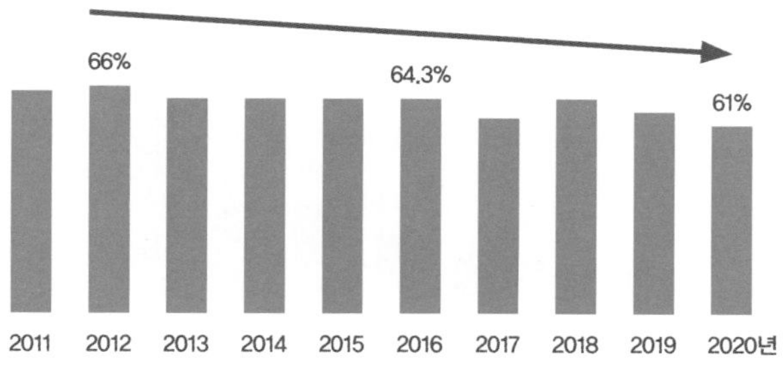

4년제 대학 졸업생 취업률

출처: 한국교육개발원

보니 대학을 졸업해도 갈 곳이 없습니다. 이렇게 다들 절망하는 상황에서도 새로운 개천에서 나타나는 친구들이 있습니다. 말하자면 업직 시대의 모습이 곳곳에서 보입니다. 정말 내가 하고 싶은 일을 찾아서 했더니 그게 내 일자리가 되고 타인의 일자리까지 만드는 업직의 시대, 창업을 해서 일자리를 만드는 창직의 시대가 된 것입니다. 창의적이고 미래지향적인 젊은이들이 직업의 시대에서 업직, 창직의 시대로 가고 있고 사회도 그렇게 움직이고 있습니다.

정부의 창업 지원 예산도 눈에 띄게 늘어나고 있습니다. 2016년에 6000억 원에 못 미쳤는데 2020년에 1조 5000억 원, 2022년에 3조 6000억 원까지 늘어났습니다. 젊은이들이 도전할 수 있는 자원이 충분히 있다는 말인 것이죠. 민간에도 이런 예산이 많습니다. 저도 300억 원 정도를 출연해 '윤민창의투자재단'을 만들었습니다.

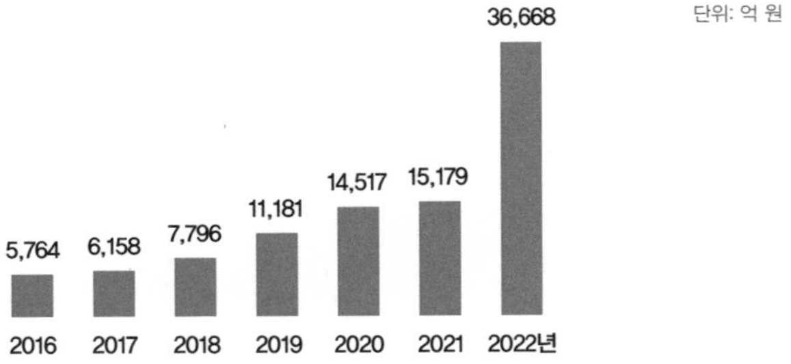

정부 창업 지원 예산 추이

출처: 중소벤처기업부

'윤민'은 교통사고로 세상을 떠난 제 딸의 이름입니다. 저희 재단의 굿스타터에 선정되면 5000만 원에서 1억~2억 원 정도를 무상으로 지원해 줍니다. 저희 재단뿐만 아니라 비슷한 일을 하는 공익재단들도 많아졌습니다. 창업 허브들도 많아졌고요.

클래스101, 뉴빌리티, 그리고 틴스튜디오

저희 재단에서 선정한 업직과 창직의 시대를 열어 가는 새로운 용들을 소개하겠습니다. 먼저 '클래스101'이라고 하는 스타트업입니다. '취미 교육의 메가스터디'로 알려져 있습니다. 그림을 그리거나 빵을 굽고, 엑셀을 배우는 등 취미와 관련된 모든 것을 짧은 시간에 온라인으로 배울 수 있습니다. 이 회사의 공대선 대표는 현재 33세입니다. 저희 재단의 굿스타터 3기 때 심사에서 탈락한 친구예요. 그런데 그때 뽑힌 팀이 적어서 한두 팀 더 뽑자고 제가 제안했습니다. 당시 주로 교수로 구성된 심사위원들은 더 뽑을 팀이 없다고 했습니다. 그래서 재단의 젊은 사무국 직원들에게 뽑을 권한을 주면 어떻겠느냐고 해서 진행하게 되었습니다. 저희 재단 사무국 직원들이 뽑은 팀이라고 할 수 있습니다.

이 친구가 왜 떨어졌느냐면 너무 준비가 안 되어 있었기 때문입니다. 스물여덟 번 사업에 실패하고 스물아홉 번째 사업을 막 시작하려던 참이었어요. 이번 사업에 영감을 준 것은 '시현하다'라는 것이었다고 합니다. 인터넷 검색창에 '시현하다'를 입력하면 김시현이라는 유명한 사진작가가 나옵니다. 이미 새로운 단어까지 만들어질 정도로 유명한 사람이에요. 명함사진 업계의 톱인데 이분에게 사진을 찍으려면 1년을 기다려야 하고, 원데이 클래스를 열면 1초 만에 마감될 정도라고 합니다.

PT 때 '클래스101' 대표의 첫마디가 "'시현하다'라는 말을 아십니까?"라는 것이었습니다. 물론 우리는 몰랐죠. 그러자 그는 "저는 김시현과 함께하기 때문에 이 사업 무조건 성공합니다"라고 했습니다. 김시현을 1호 강사로 모셔 온 것이죠. 그러면서 "취미 교육의 메가스터디가 되겠습니다"라고 포부를 밝혔습니다. 당시에는 매출이고 뭐고 아무것도 증명할 게 없으니까 결국 떨어졌습니다. 그런데 그것을 눈여겨본 저희 재단 사무국 직원들이 이 팀을 추가로 뽑았고, 지금 우리에게 가장 많은 이익을 가져다주고 있습니다. 처음에 5000만 원으로 5퍼센트 지분을 확보했는데 지금은 기업 가치가 3000억 원대에 이릅니다. 현재 '클래스101'의 클래스는 2750개이고, 누적 회원은 360만 명입니다.

다음으로 소개할 회사는 근거리 자율주행 로봇 소프트웨어 분야 스타트업인 '뉴빌리티'입니다. 로봇을 이용하여 근거리 배송을 하는 회사입니다. 지금은 로봇이 인천 송도와 서초동 일대를 돌아다닙니다. 골프장에도 돌아다니죠. 골프를 치다가 음료수를 마시고 싶으면 어플로 주문을 하면 로봇이 가져다줍니다.

이 회사의 대표는 26세로 '클래스101'의 대표보다 어립니다. 이 회사가 최근에 900억 원의 투자를 받았습니다. 현재 기업 가치가 900억 원인데, 앞으로 더 크게 될 것입니다. 코로나19 시기에 배달이 엄청 많아졌는데 로봇이 하면 아주 간단하잖아요. 이 로봇은 알아서 엘리베이터를 타고 올라가서 집 앞까지 배달해 줍니다.

이 친구는 굿스타터 2기입니다. 올해가 13기이니까, 꽤 오래됐죠. 대학교 1학년 때 친구들 5명과 같이 지원했습니다. 심사위원들 사이에서 대학교 1학년생을 뽑아 줄 수 있느냐는 이야기가 좀 나왔지만 3000만 원 정도 지원했습니다. 그때 가져온 것은 '육감 밴드'로, 이 밴드를 손목에 차면 게임을 훨씬 잘할 수 있다고 합니다. 시각과 청각에 제6의 촉감을 더하면 다른 사람을 이길 수 있는 그런 걸 만든다는 거예요. 우리가 뽑아 주면서 질문을 했습니다. 창업해서 대박이 나면 학교는 어떻게 할 거냐고요. 그러자 사업이 잘되면 학교는 그만둔대요. 그 말대로 지원을 받자 학교도 가지 않고 제품을 만들더니 시제품을 들고 왔습니다. 이후 실패도 하고 성공도 하면서 지금까지 사업을 이끌어 오고 있습니다.

작년 5월에 굿스타터로 선정된 고등학교 3학년 김혜민 학생의 이야기도 들려드릴게요. 특성화고등학교 학생인데 고등학생들 사이에서는 유명합니다. 700만 팔로워를 거느린 인플루언서이자 사업가

이거든요. 김혜민 학생을 비롯해서 10대 몇 명이 모여서 커머스 플랫폼을 만들었습니다. 그들 표현대로 하면 '크리에이티브 커머스'라고 합니다. 바로 '틴스튜디오'입니다.

청소년들만 여기에 상품을 올릴 수가 있습니다. 자기가 만들고 싶은 상품을 만들어 올리면 서로 평가를 합니다. 그래서 반응이 좋으면 일정 분량을 만들어서 사고팔고 하는 거죠. 처음에는 10대들이 크리에이티브 커머스를 하겠다고 해서 사업이 성공할까 걱정을 많이 했습니다. 그런데 그 걱정이 무색하게 지난 2월 28일에 한 호텔에서 오픈 기념식을 했고, 학생들은 당차게 사업 아이디어도 제시하고 포부도 밝혔습니다. 그들의 모습을 보면서 우리의 밝은 미래를 예감할 수 있었습니다.

N잡러·긱 이코노미, 새로운 직업의 길을 찾아라

직업이라는 개념은 산업 사회의 대량 생산 체제, 대량 고용에서 나온 말입니다. 그런데 이미 기업 환경이 크게 바뀌었습니다. 사람이 아니라 AI가 일을 하고 평생직장이라는 말도 사라지고 있습니다. 요즘 젊은이들은 다양한 일자리를 가지고 있습니다. 여러 직업을 가진 사람을 일컬어 'N잡러'라고 합니다. '긱 이코노미Gig Economy'도 이런 현상을 반영하는 경제 형태입니다. 긱gig은 원래 일회적인 작은 공연을 뜻하는 말입니다. 1920년대 미국 재즈 공연장에서는 연주자가 필요할 때마다 단기로 계약을 맺어 공연을 했는데, 이것을 긱이라고 했습니다. 여기에 경제를 뜻하는 이코노미economy가 더해지면서 '일시적인 일'이라는 합성어가 만들어졌습니다. 필요에 따라 1주일, 2개월, 6개월 등으로 짧게 일을 하는 임시 계약 경제 형태라고 할 수 있습니다.

내가 이 분야에서는 다른 사람보다 경쟁력이 있고 상대적으로 비어 있으니까 짧은 기간 동안 한번 해 보자, 이렇게 시작을 합니다. 구매 대행이나 직구 대행을 할 수도 있고, 엑셀을 잘 다룬다면 원데이 클래스로 엑셀을 가르칠 수도 있습니다. 매킨지 보고서에 따르면, 긱 이코노미 시장이 2019년에 약 284조 원이던 것이 2023년에는 약 521조 원에 이를 것이라고 합니다. 2025년에는 전 세계 GDP의 2퍼센트에 이를 것이라고도 하고요.

재능이 있으면 그 재능을 바탕으로 경제 활동을 해서 짧은 시간에 일반 직장인의 2년치 연봉을 버는 사람들이 많습니다. 이번에 저희 회사의 주총을 보고 깜짝 놀란 게 있습니다. 20대 후반 젊은이들이 많은 것도 놀라웠는데, 우리 회사의 구조는 물론 앞으로 사교육 시장의 변화까지 정확하게 꿰뚫고 있었습니다. 그리고 매우 구체적으로 질문을 합니다. 질문의 차원이 달라요. 그래서 나중에 물어봤더니 일찍부터 투자를 준비해서 꽤 많은 돈을 벌었다고 합니다. 저희 회사 교육 주식도 7만 주를 가지고 있고요.

이 경우처럼 일찍부터 투자를 시작해서 20대에 어느 정도 부를 축적한 사람들이 많아지고 있습니다. 이런 점에서 보면 가장 안정적이라고 할 수 있는 강남 3구의 젊은이들이 오히려 뒤처질 수도 있습니다. 의대 가라는 부모 말에 따라 초등학교 때부터 의대반에 들어가 열심히 공부해서 의사가 되었어요. 그런데 막상 의사가 되고 나니 AI가 다 하는 거예요. 지금 헬스케어 분야가 엄청나게 빠른 속도로 발전하고 있잖아요. 이런 엄청나게 빠른 변화 속도를 생각해 보면 오히려 긱 이코노미에서 답을 찾거나 일찍부터 투자를 하거나 N잡러인 젊은이들이 나중에 우리 사회의 중심이 될 수 있습니다. 그리고 그들이 세계적인 투자자가 되면 우리나라 노인 인구를 먹여 살릴 수 있지 않을까 하는 기대를 해 봅니다.

공교육과 사교육의 이분법을 넘어서

마지막으로 사교육을 위한 변명을 하나 하겠습니다. 이제는 공교육과 사교육이라는 이분법을 넘어서야 하지 않나 하는 것입니다. 우리 사회는 그동안 공교육과 사교육으로 명확하게 선을 그어 대립해 왔습니다. 그러나 그것은 정치인들이나 정책 결정자들이 교육 정책의 실패를 덮으려 하거나 입시 정책이나 국가 미래 교육 정책을 제대로 펴지 못한 데 대한 잘못을 사교육으로 화살을 돌려서 문제를 해결하고자 했기 때문이 아닌가 생각합니다.

저는 우리나라 사교육이 어느 정도 역할을 할 수 있다고 기대합니다. 그러니까 일종의 변증법적인 것이죠. 모순은 있지만 그 모순을 뛰어넘어 엄청난 결과를 만들 수 있는 가능성이 우리 사교육에 있다는 것이죠.

코로나19로 인한 온택트 상황은 우리의 현실을 크게 뒤바꾸어 놓았습니다. 화상회의 프로그램도 많이 생겨났습니다. 특히 온라인 화상회의 플랫폼인 줌Zoom은 학교를 비롯해서 기업, 정부, 공공기관 등에서 사용되어 엄청난 매출을 거두었습니다. 메타버스라는 용어도 더 이상 낯설지 않게 되었습니다. 제페토, 로블록스, 게더타운 등의 용어를 한 번쯤 들어 보았을 것입니다. 기업들은 재택근무를 하면서 게더타운을 많이 활용합니다. 게더타운은 메타버스와 화상회의가 결합된 플랫폼입니다. 메타버스는 크게 두 가지로 나눌 수 있습니다. 하나는 현실을 대체하는 제페토같이 전혀 다른 나를 가지고 노는 현실 대체형이 있고, 게더타운같이 서로 만나지 못하는 것들을 보완할 수 있는 현실 보완형이 있습니다. 교육은 앞으로 현실 보완형 메타버스 세상으로 가게 될 것입니다. 따라서 학교가 메타버스 공간으로 넘어가야 교육의 미래가 있지 않을까 생각합니다.

또한 K-팝, K-드라마, K-뷰티처럼 K-에듀케이션(K-에듀)도 가능하다고 생각합니다. 우리나라 사교육이 문제는 있지만 더 보완한다면 K-에듀라는 세계적인 교육 상품이 될 가능성이 있다고 봅니다. 실제로 미국을 비롯한 다른 나라에서는 우리나라 사교육의 긍정적 측면을 받아들여 세계적인 고등학교로 발전한 사례도 있습니다. 또한 '클래스101'의 사례에서처럼 에듀테크 기업들도 놀라운 변화를 보이고 있습니다. 이런 에듀테크와 우리 사교육이 가지고 있는 에너지와 변화에 대한 빠른 대응력이 결합하면 놀라운 결과를 만들어 낼 수도 있지 않을까요?

K-에듀에 대해서 고민하는 이유는 제 자신과 닮았기 때문인지도 모르겠습니다. 왜냐하면 'K'의 본질은 자기모순이거든요. K-드라마, K-팝, K-뷰티에 대해서 처음에는 자조하고 비난했습니다. 그러나 세계적으로 수용이 되자 자긍심으로 바뀌었습니다. 저 역시 사교육 업계에서 일하면서 자기모순적인 이야기를 하고 군수공장 공장장이면서 반전주의자적인 삶을 추구합니다. 우리 교육도 비슷한 길을 가고 있습니다. 특히 사교육은 문제도 있고 갈등도 있습니다. 그러나 그동안 쌓아 온 내공이 있고 미래의 기술 변화와 함께 K-에듀를 통해서 미래를 바꿀 수 있지 않을까 생각합니다. 그 속에 제 역할도 있을 것이라 기대합니다.

질의응답

사회자

▸ 손주은 회장님의 강연은 우리 사회와 교육, 그리고 다음 세대의 교육과 관련해 여러 가지로 중요한 시사점을 던져 주었습니다. 덕분에 아주 유익하고 의미 있는 시간이었습니다.

회장님은 우리 사회의 인구나 산업의 급격한 변화, 그래서 더 이상 학벌의 효용성이 떨어지는 산업이나 교육 상황을 볼 때 지금과 같은 사교육의 효용성은 앞으로 10년 정도라고 이야기하셨습니다. 따라서 우리 교육도 변하지 않으면 안 된다, 변할 수밖에 없다, 창의 교육을 중심으로 갈 수밖에 없다고 하셨습니다. 그런데 저희의 현실적인 걱정이라고 할까요. 사실은 이런 흐름이 정치와 무관하지 않지 않습니까? 회장님은 사교육이나 학교 교육이 정치의 굴곡과 관련이 있다고 보시나요? 아니면 크게 영향을 받지 않는다고 보시나요?

손주은

▸ 거시적으로는 정치가 중요한 결정을 합니다. 그런데 지금은 정치의 효용성도 많이 떨어졌다고 생각합니다. 예를 들어 개발도상국이

나 국가를 세우는 초기 단계에서는 모든 것이 정치와 긴밀하게 연결되어 있고 정치의 역할도 큽니다. 그러나 우리는 이미 민간 영역에서는 물론 기업들도 글로벌화되어 있습니다. 정치가 어느 정도 작동하는 것은 사실이지만 지금 대한민국을 떠받치고 있는 것은 기업이라고 믿습니다.

그래서 결국은 이 위기를 극복할 거라고 확신합니다. 이미 우리 젊은이들의 역량이나 열정, 창의성은 유튜브 같은 곳에서 상당히 이루어지고 있습니다. 그리고 그들은 네트워크 등을 통해서 우리 교육의 한계를 스스로 극복하고자 합니다. 특히 업직이나 창직의 시대에는 그것을 이용하는 젊은이들도 많을 것입니다. 생각이 깊지 않은 젊은이도 있겠지만, 무언가 변화를 만들어 내는 젊은이들이 곳곳에서 튀어나오고 있기에 희망이 있다고 봅니다.

또 하나 말씀드리고 싶은 것은 교육의봄에서 펴낸 『채용이 바뀐다 교육이 바뀐다』를 읽어 보시면 좋겠다는 것입니다. 저도 영감을 많이 받았습니다. 이 책을 보시면 2016년까지 학벌이 중시되었던 상황이 잘 나타나 있습니다. 최근 4~5년 동안 사교육이 늘었던 이유도 책에서 확인할 수 있습니다.

대기업이 공채를 줄이고 시험 하나만 가지고 안 되니까 아홉 가지 스펙을 봅니다. 이런 구조에서는 명문대가 유리할 수밖에 없습니다. 금융기관이 지금은 블라인드 채용으로 바뀌었지만 그전에는 좀 장난친 적이 있거든요. 대학들을 등급화를 했고요. 그런데 그걸 못하게 하니까 블라인드 채용으로 전환했습니다. 그럼 학벌이 완전히 사라진 것이 아니냐라고 생각할 수도 있습니다. 그렇지 않습니다. 금융 시험이 금융 고시라고 할 정도로 어렵습니다. 이것이 금융에서는 또 필요하긴 해요. 왜냐하면 그런 지식이 필요하니까.

책을 읽으면서 교육의봄이 더 적극적으로 기업과 어떻게 매칭을 할 것이며, 기업에 채용의 변화를 이끌어 내는 역할까지 할까 하는 기대를 갖게 되었습니다. 또한 저희가 가지고 있는 문제의식과 방법론을 정확하게 짚어 내어 놀라기도 했습니다. 그 방법론의 핵심은 우리는 데이터로 말한다, 현실을 바꾸는 것은 주장이 아니라 데이터다라는 것입니다. 데이터의 힘은 무시무시하거든요. 저희는 데이터로 말하기 위해서는 사회적인 활동보다는 사교육 현장에 있는 데이터를 찾아내어 정리하겠다고 생각했는데 그것을 이미 간파하고 하나의 이론으로 주장하고 있었습니다. 제가 사실은 놀라움을 넘어 감동을 받았습니다. 왜냐하면 보통 시민운동은 선언에서 그치는 경우가 많은데 교육의봄은 데이터로 증명해 내고 있기 때문입니다.

사회자

▸ 감사합니다. 앞의 이야기에 이어서 말씀드리겠습니다. 인구의 변화로 한 사람이 여러 사람을 먹여 살려야 하는 시대가 되었다, 우리

나라는 그것을 또 슬기롭게 극복할 수 있는 가능성도 있다. 그러려면 창의성 교육이 되어야 하고 한 사람이 1만 명을 먹여 살리는 것이 아니라 10만 명, 100만 명을 먹여 살리는 구조가 되어야 한다. 그런 큰 인재가 나와야 한다고 말씀하셨습니다. 그런데 그 말씀은 잘하는 아이들만 따로 모아서 창의성 교육을 시키고 나머지 아이들은 기존의 버리는 교육을 하라는 메시지로 오해할 수 있습니다. 다시 말해 소수의 아이들을 대상으로 하는, 이른바 학교 교육이 10만 명을 먹여 살릴 수 있는 방식에 창의성 교육으로 가야 한다는 것이지, 인재를 따로 모아서 분리시키라는 이야기는 아니지 않습니까?

손주은

▶ 그렇습니다. 오히려 특목고, 과학고 등으로 영역을 만들어 놓으면 그 안에서 뛰어난 인재도 나오지만 동종교배가 되어 이상한 방향으로 가는 경우도 있습니다. 과학고 출신이 공대 갔다가 의전원으로 진로를 바꾸는 사례도 많고요. 그리고 외고 출신이 그 안에서 정말 뛰어난 세계적인 인재도 나오지만 자기들끼리 하나의 집단을 만들 수도 있습니다. 저는 그런 의미에서 현재와 같은 서열화된 고교 체제가 바로잡히고 다양한 아이들이 함께 배우는 구조로 가야 한다고 생각합니다.

질문자

▸ 인터넷 강의의 대부이신 분이 사교육을 비판하니 아이러니하기도 하지만 선구자라는 생각도 듭니다. 강연 내용에도 있지만 그래도 당장 입시를 앞둔 부모 입장에서는 걱정스럽기만 합니다.

손주은

▸ 저는 사교육 문제나 현재와 같은 기형적인, 그러니까 학생의 미래보다는 불안 심리나 착시 현상에서 사교육을 떠나지 못하는 것에 대한 비판을 한 것이지 사교육에 직접 참여하면서 열심히 공부하는 학생을 비판한 것은 아닙니다. 어떤 면에서는 부모나 사회 현상에 대한 비판인 것이죠. 어쩌면 사교육은 우리 삶의 행위 중 하나인 소비이지만 그 성격이 다르다고 생각합니다.

웬만한 소비는 돈을 쓰고 시간을 쓰면 효용이 바로 주어집니다. 공부는 다릅니다. 돈도 써야 하지만 인생도 바쳐야 합니다. 아주 다른 소비인 것이죠. 그런데 사교육에 익숙해져서 공부해서 좋은 성적 받는 데만 소비를 하는 것 같습니다. 다시 말해 공부는 시간, 인생, 노력, 돈을 다 써야 한다는 사실을 알고 남다른 태도로 하나의 경제행위, 소비 행위를 해야 할 것입니다.

2

당신은 다른 사람의 성공에 기여한 적이 있는가

이소영 | 마이크로소프트사 이사

어떤 사람들이 성공할까요?
제가 그동안 살펴본 성공한 사람들의 특징은
수없이 실패한 사람들이라는 것입니다.
그런데 우리나라 부모님들은
단 한 차례의 시험에서도 실패해서는 안 된다고 다그치면서
아이를 경쟁 대열로 내몰고 있지는 않은가요?

오늘 강연 주제는 '당신은 다른 사람의 성공에 기여한 적이 있는가'라는 것입니다. 같은 제목으로 책을 냈는데, 많은 기업에서 책을 읽고 강연 요청을 해 주었습니다. 왜 국내 기업들이 이 주제에 관심을 갖게 되었을까요? 기술 발전이 너무나 빠르고 미래는 예측하기 어렵기 때문일 것입니다. 이렇게 빠르게 변화하는 사회에서 우리는 무엇을 해야 할까요?

오늘은 빠르게 변화하는 사회, 그중에서도 변화의 최전선인 IT 업계에서 마이크로소프트가 어떻게 제2의 전성기를 이뤄 냈는지를 이야기해 보고자 합니다. 특히 그 변화의 주인공인 사티아 나델라Satya Nadella 회장 취임 이후 바뀐 회사가 추구하는 인재상과 인사 관리의 변화를 살펴보겠습니다. 인사 관리 변화의 큰 축이기도 한 '당신은 다른 사람의 성공에 기여한 적이 있는가'라는 질문은 경쟁이 아니라 서로 돕는 성장 문화를 만들었고, 개인은 물론 회사의 성장에도 크게 기여했습니다. 이것을 지금 우리의 학교 교육에도 적용해 볼 수 있을 것입니다.

지식이 2배가 되는 속도

저는 마이크로소프트사에서 오랫동안 근무하면서 최고의 엔지니어들이 일하는 모습을 지켜보았습니다. 그런데 이렇게 빠르게 변화하는 시대에는 그들도 '우리 미래가 이렇게 될 거야'라고 확신하지 못합니다. 그때그때 트렌드를 보면서 거기에 맞춰 일을 할 뿐이죠. 심지어 사티아 나델라 회장도 트위터나 링크드인, 또는 제가 관리하는 커뮤니티 리더들의 의견을 들어 가면서 미래를 설계합니다. 그렇기 때문에 과거처럼 '나는 다 알아, 내가 이끌어 가'라고 말할 수가 없는 것입니다.

이런 상황에서는 '나 공부 정말 잘했다. 수학 잘했고, 암기력 좋다'라는 건 의미가 없습니다. 모든 게 너무나 빨리 바뀌고, 우리 사회를 이끌어 가는 사람들조차 앞으로 무엇이 정답이 될지 몰라서 다른 사람들에게 묻고 의견을 듣는데, 수학 정답을 잘 맞힌다는 게 무슨 의미가 있겠어요?

처음에는 허술하게 시작했던 것이 몇 년이 지나면 대세가 되는 경우가 많습니다. 3~4년 전 본사에 가면 직원들이 전기차인 테슬라를 탔습니다. 저는 그 차를 보면서 이렇게 생각했습니다. '조용하고 특이하긴 한데 디자인도 세련되지 않고 우리나라에는 전기차 충전하는 곳도 없잖아. 과연 이 차가 우리의 미래가 될까?' 잘 알다시피 지금은 전 세계적으로 전기차가 대세가 되어 가고 있습니다. 이렇듯 막연히 상상만 하던 것들이 현실화되고 있습니다.

기술만 발전하는 게 아닙니다. 인류가 쌓아 온 지적 자산도 빠르게 발전하고 있습니다. 이것을 '지식이 2배가 되는 속도knowledge doubling speed'라고 합니다. 의학 지식 한 분야만 보면 1950년대는 인류가 축적한 의학 지식이 2배가 되는 데 50년이 걸렸습니다. 그런데 10년 전에 3.5년으로 줄었고, 지금은 73일밖에 걸리지 않는다고 합니다.

그렇다면 우리는 이렇게 빠르게 변화하는 사회에서 무엇을 해야 할까요? 한마디로 하면 정말 소중한 것이 무엇인지를 알고, 주위 사람들을 도와야 합니다. 이것을 기업에 대입하면 기술을 잘 활용하고 파트너십을 잘 맺는 것이라고 할 수 있습니다. 마이크로소프트에서는 오래전부터 이 부분을 중요하게 생각해 왔습니다.

오래전 슈퍼 컴퓨터가 있던 시절에 누군가 '모든 사람이 컴퓨터를 가질 수 있는 시대를 열 거야, 퍼스널 컴퓨터 시대를 열 거야'라는 비전을 품습니다. 천재 몇 명이 랩실에서 뚝딱뚝딱 컴퓨터를 만듭니다. 그러나 그것이 금세 시장에 나올 수 있는 건 아닙니다. 스티브 워즈니악이나 빌 게이츠 같은 사람들이 컴퓨터를 만들때 열정을 가지고 공부해서 그것을 나를 위해 오롯이 쓰는 게 아니라 우리 커뮤니티가 같이 성장하는 데 힘을 쏟은 사람들이 있었습니다. 그들은 '내가 열심히 공부해서 우리 공동체가 크는 데 내 것을 나눌 거야'라고 생각했습니다. 이런 그들의 철학이 IT 업계가 지금 이렇게 성장해서 전 지구를 변화시키는 힘이 되고 있습니다.

현재 시가총액 1위부터 10위 중에 8개가 IT 기업입니다. 이들 기업이 산업 전반을 바꾸고 있습니다. 그렇게 할 수 있는 것은 이 철학이 밑바탕에 깔려 있기 때문입니다. 그래서 저희 회사는 30여 년 전부터 그런 팀을 관리하고 운영해 왔습니다. 저 역시 그 팀에서 일하고 있고요. 저는 한국에서 일하고 있지만 인도, 중국, 호주, 동남아시아, 일본까지를 아우르는 아시아 리전region 매니저입니다. 그동안 일하면서 전 세계 2000여 명의 커뮤니티 리더들을 만났고, 그들의 성장을 쭉 지켜봤습니다.

홀로 성장하는 시대는 끝났다

전 세계 커뮤니티 리더들을 지켜보면서 발견한 것이 있습니다. 모든 사람이 학벌이 좋지는 않았어요. 고등학교를 나온 사람도 있고, 지방의 작은 대학을 나온 사람도 있습니다. 그런데 이들에게는 공통

점이 있습니다. 먼저 자기가 관심 있는 기술 분야를 공부합니다. 그런 다음 자신이 알고 있는 것을 다른 사람에게 알려 줍니다. 커뮤니티를 만들어서 영향력을 점점 넓혀 가는 것이죠. 이제 그 기술에 대해서는 그를 따라올 사람이 없습니다.

제가 『홀로 성장하는 시대는 끝났다』라는 책에서 많은 사람들의 성장 스토리를 소개한 적이 있습니다. 그중에는 마이크로소프트에서 15년간 일한 김영욱 씨도 있습니다. 그는 부산에 있는 전문대를 나왔습니다. 중학교 때 공부를 너무 못해서 지원할 고등학교가 없다는 말까지 들었습니다. 그 사실을 알고 부모님이 크게 실망하자 공부를 해야겠다고 마음먹었습니다. 그런데 혼자 공부하기는 엄두가 안 나서 자신과 비슷한 처지의 아이들을 모아서 커뮤니티를 만들었습니다. 그러고는 각자 암기 과목 위주로 공부해서 서로 알려 주자고 했습니다. 이렇게 공부해서 모두 고등학교에 들어갔습니다.

그는 그 뒤에도 같은 방식으로 공부해서 전문대를 가고, 졸업 후에는 전기장판 회로를 만드는 회사에 들어갔습니다. 이때도 커뮤니티를 만들어서 같이 공부했습니다. 그러다가 인터넷이 발달하고 스마트폰 시대가 되면서 온라인으로 전 세계 사람들과 교류하고, 자신이 배운 것을 뉴스레터를 발행해서 알려 주었습니다. 그는 이런 식으로 자신의 영향력을 점점 키워 갔습니다.

또 다른 예로 스리랑카의 고졸 출신 친구도 이렇게 성장했습니다다. 우리 회사 본사에서 일을 했어요. 자기가 관심 있는 분야를 혼자 공부하는 게 아니라 뜻이 맞는 사람들과 모여서 하고, 그것을 블로그 등을 통해 다른 사람들에게도 나누었습니다.

우리 회사는 이런 사람들을 찾아서 상을 줍니다. MVP 어워드라는 상인데, 상을 주는 방식이 좀 특별합니다. 메달을 주는 것이 아니라 실제로 프로젝트를 진행하고 있는 사람들과 만나게 해 줍니다. 그리고 로드맵을 보여 주거나 '앞으로 이렇게 만들 건데 네 생각은 어때?'라고 묻기도 합니다. 이런 자리에 몇 번 가다 보면 인맥이 넓어지고, 전 세계에 자기와 관심이 같은 사람들의 네트워크가 만들어지게 됩니다. 그러면서 원하는 회사에 취업이 되기도 합니다.

지식이 빠르게 만들어지고 확장하는 시대에는 교사가 먼저 공부한 다음 커리큘럼을 짜서 학생들에게 가르치고 그것을 평가하기 위한 시험을 치다 보면 그 기술은 이미 무용지물이 되고 말 것입니다. 다른 방식의 접근이 필요합니다. '지금 이런 기술이 뜨는데 나는 이만큼 알고 있어. 네가 아는 것을 알려 주면 나도 알려 줄게.' 그러면서 발전해 가야 합니다.

이렇게 성장한다는 것을 아니까 구글이나 아마존, 마이크로소프트 같은 회사는 이런 사람들을 가만두지 않고 '너 좀 잘하는 것 같은데 우리 회사에 와 봐, 우리 상 줄게'라고 하면서 서로 데려가려고 합니다. 그런데 안타깝게도 우리나라 학생들은 이런 기회가 있어도 취업에 도움이 안 된다, 시험에 도움이 안 된다고 하면서 진짜 좋은 기회를 날립니다.

마이크로소프트가 빠진 함정

지금 IT 기업들은 좋은 개발자를 찾지 못해서 난리입니다. 저희 회사도 마찬가지입니다. 그러나 개발자라고 해서 모두 받아들이는 것은 아닙니다. 저희 회사에서 가장 기피하는 대상은 "저 좋은 대학 나왔고 학점도 높았어요"라고 말하는 사람입니다. 이것으로는 이 사람이 회사에 들어와서 어떻게 일을 배우고 네트워킹을 만들어 갈 수 있을지 증명하지 못합니다. 어느 학교를 나왔느냐보다는 어떤 경험을 했느냐를 중시합니다. 그 경험도 꼭 큰 기업에서 하는 경험만을 의미하지 않습니다. 작은 기업이라도 어떤 성과를 냈고, 그 과정에서 다른 사람들하고 어떻게 협력하고 소통했는지를 중요하게 봅니다.

저희 회사는 링크드인LinkedIn이라는 비즈니스 기반 소셜네트워크 서비스SNS를 많이 참고합니다. 거기에는 단순히 이력만 쓰여 있는 게 아니라 나는 어떻게 기여했다, 무슨 커뮤니티에서 어떻게 발표했다, 어떤 블로그에 어떤 글을 썼다, 이런 것들이 다 링크되어 있습니다. 이 사람이 어떤 생각을 하고 어떻게 성장해 왔는지를 볼 수 있는 것이죠. 물론 그것을 전적으로 믿지는 않습니다. 거짓으로 쓸 수도 있으니까요. 이것을 토대로 몇 차례에 걸쳐 인터뷰를 하고 사실 확인까지 한 다음에 채용합니다. 저도 이런 과정을 거쳐 마이크로소프트에 오게 되었습니다. 같이 일하던 사람들이 성장해서 여기 이력서 내 봐, 우리 부서에 사람이 필요해 이렇게 하다 보니 이 자리까지 오게 된 것이죠.

하지만 제가 입사하던 시기는 회사가 정점을 찍고 추락을 시작하던 때였습니다. 그게 진짜 괴롭더라고요. 아무리 부잣집이라도 가세가 계속 기우는 집에 가면 힘들기 마련이잖아요. 제가 처음 맡은 일은 1500만 명이 쓰는 국민 메신저를 관리하는 것이었습니다. '국민 메신저, 내가 이제 키워 낼 수 있어!' 이러면서 의기양양해서 갔는데 그때부터 추락을 시작했습니다. 1200만, 1000만, 800만, 700만, 500만…… 이렇게 추락을 거듭하다가 나중에는 아예 없어졌습니다. 거기 담당자라고 생각해 보세요. 7년간. 보통은 잘리죠. 그런데 서비스 자체에 문제가 많았어요. 해커 문제도 심각했고요.

아침에 출근하면 회사 앞에서 사람들이 진을 치고 항의를 합니다. '어제 친구라고 하고 1000만 원을 빌려 달라고 해서 줬는데 알고 보니 해커 짓이었다. 사장 나와라.' 그럼 담당자인 제가 끌려갑니다. 그런 상황에서도 제가 굴하지 않을 수 있었던 이유는 이전에 심하게 실패를 경험해 봤기 때문입니다. 그래서 '이 정도로는 무너지지 않아'라는 마음으로 버틸 수 있었던 것입니다. 한때 마이크로소프트는 윈도와 오피스로 전 세계를 지배했습니다. 그런데 여기에 균열이 생기기 시작했습니다. 구글이나 애플 같은 혁신 기업들이 등장했거든요.

마이크로소프트는 이런 경쟁의 시대에 회사를 성장시키기 위해 직원들을 줄 세우며 내부 경쟁을 독려했습니다. 어떻게 경쟁을 시켰냐면 철저하게 상대평가를 했습니다. 평소에는 '우리도 구글처럼 훌륭한 검색 엔진도 만들고, 아이폰처럼 훌륭한 휴대전화도 만들자'라고 합니다. 그러나 막상 평가할 때가 되면 일등부터 꼴찌까지 줄을 세웁니다. 이렇게 상대평가를 하니까 협력하지 않게 됩니다. 협력 대신 총질을 합니다. 당연히 회사 주가는 계속 떨어집니다.

어느 시점이 되니 돈을 아무리 쏟아부어도 상황은 더 이상 나아지지 않았습니다. 유능한 사람을 스카우트해 와도 안 되는 거예요. 당시 저희가 만든 윈도 폰을 아무도 쓰지 않았습니다. 심지어 직원도 윈도 폰이 아니라 아이폰을 쓰니까 스티브 발머 회장이 빼앗아서 던져 버렸습니다. 그때 저희가 가장 많이 들었던 말은 항상 일등을 해야 한다는 것이었습니다. 실패는 절대로 용납이 안 되는 분위기였습니다.

마이크로소프트는 모바일 시장에 진입하기 위해서 당시 전 세계 모바일 시장의 선두주자였던 노키아와 손을 잡습니다. 8조를 주고 사요. 그런데 다음 해에 7조 5000억의 손실을 냅니다. 둘을 합치면 거의 20조의 손실입니다. 그래서 다시 팔게 됩니다. 직원들도 다시 내보내고요. 더 이상 희망이 없는 회사가 된 것이죠. 모두들 모토로라도 소니도 그렇게 사라졌으니까 마이크로소프트도 오랜 독점을 누리다 결국 사라지게 될 것이라고 생각했습니다.

달라진 리더의 역할

2014년에 사티아 나델라가 새 회장이 됩니다. 전임 회장인 빌 게이츠와 스티브 발머에 이어 3대 회장이 된 것이죠. 그는 인도에서 평범한 대학을 나와 우리 회사에 일반 개발팀 사원으로 들어와서 '빙'이라는 검색엔진을 만들었습니다. 빌 게이츠 회장과는 아무런 연고도 없었고요. 이런 분이 회장이 되었으니 다들 많이 놀랐습니다.

당시 저는 부서가 해체되고 맡고 있던 일도 없어졌습니다. 무슨 일이든 알아서 해야 했습니다. 수소문을 하니 커뮤니티 리더십이라는 리더를 뽑는 부서가 있다기에 지원했습니다. 토너먼트 형식으로 사람을 뽑았어요. 내부에서 지원한 사람과 외부에서 지원한 사람을 인터뷰하면서 한 명씩 떨어뜨려서 마지막 한 명을 남게 했습니다. 제가 마지막으로 남아 한국 담당자가 됐습니다. 이후 한국을 넘어 호주, 뉴질랜드의 담당자가 되고 나중에는 동남아시아까지 맡게 되었죠. 이렇게 해서 여러 나라의 다양한 사람들을 리드해야 하는 상황이 되니 사람들을 어떻게 끌고 가야 할지 고민이 되더라고요.

부모님이나 선생님도 저와 같은 리더의 입장이실 거예요. 예전에는 리더가 답을 알았고, 리더가 시키는 대로 하면 되었습니다. 가정에서는 부모의 바람대로 열심히 공부해서 좋은 대학에 가고, 회사에서는 상사가 시키는 대로 따르면 되었던 것이죠. 그럼 아주 손쉽게 원하는 것을 이룰 수 있었습니다.

그런데 지금은 '저 길이야'라고 누구도 확신할 수 없는 시대입니다. 답을 모르니 그저 열심히 할 수밖에 없습니다. 리더들은 열심히 하라고 독려하면서 앞장서서 나아가려 합니다. 그런데 1990년대생, 밀레니얼 세대는 따르지 않습니다. 오히려 '리더들은 가세요. 나는 안 갑니다'라고 말합니다. 왜 그럴까요? 부모나 선생님, 상사들이 가라는 곳이 맞는지 확신이 들지 않기 때문입니다. 제 아들도 저를 안 믿습니다. 현실을 잘 알기 때문이죠. 제가 무슨 말을 하면 '엄마 말이 맞아. 하지만 현실은 전혀 그렇지 않아. 그러니 엄마가 좀 더 고생해서 빨리 현실을 바꿔'라고 대답합니다.

제가 다양한 나라의 사람들을 모두 끌고 가는 것은 불가능합니다. 제가 이끄는 대로 따라 오지 않으니까요. 하지만 구성원들의 장단점을 파악해서 각자 권한을 가지고 일할 수 있게 환경을 만들어 주면 부족한 점을 보완하면서 잘 따라 옵니다. 억지로 끌고 갈 필요가 없습니다.

과거에 하버드대를 나온 리더들과 일할 때는 살얼음판을 걷는 것 같았습니다. 그들의 기준이 너무 높았거든요. 그런데 그들은 본인의 기준이 맞는지 안 맞는지 몰랐습니다. 그런데도 자신이 정한 기준이 무조건 맞다고 생각했어요. 그리고 그 기준에서 조금이라도 벗어나면 굉장히 불편해했죠. 그렇게 되면 직원들은 그 사람의 기준에 맞추기 위해 전전긍긍하게 됩니다. 그런데 우리가 만드는 제품이나 서비스를 누가 사나요? 그 윗사람인가요? 아니잖아요. 소비자가 삽니다. 그런데도 우리는 윗사람의 기준에 맞추느라 고객을 돌아볼 여유가 없었습니다.

사티아 나델라 회장이 오면서 회사 분위기가 완전히 달라집니다. 리더들이 대거 교체됩니다. 그 기라성 같던 하버드대 출신 리더들은 1인 부서의 장이 됩니다. 부하직원 없이 혼자 일을 하는 것이죠. 매니저 교육도 달라졌습니다. 매니저 교육에서 강조한 것은 세 가지입니다. 첫 번째는 직원들에게 좋은 모델이 되어 주라는 것입니다. 그래서 매니저만 봐도 '아, 우리 매니저가 저렇게 하니까 우리 회사의 가치는 저거구나'라고 할 수 있게 하라는 것이죠.

두 번째는 좋은 코치가 되어 주라는 것입니다. 저희는 매니저가 되면 4주짜리 코칭 교육을 받습니다. 이 과정이 어려워요. 정답이 따로 있는 게 아니라 질문을 던져서 스스로 문제를 찾고 해결해야 하니까요. 저는 그 교육을 받으면서 많은 걸 깨달았습니다. 저는 제가 엄청 좋은 코치라고 생각했는데 그게 아니더라고요. 심지어 우리가 질문을 던지고 나면 사실 답이 있잖아요. 이렇게 했으면 좋겠다라는 답이 있는데, 답을 강조하거나 강요하면 안 됩니다. 그 답을 스스로 찾도록 해야 하는 것입니다.

예를 들어 '당신은 다른 사람의 성공에 기여한 적이 있나요?'라는 질문을 합니다. 그럼 바로 대답할 수 있나요? 상대가 우물쭈물해요. 그럼 '좀!' '빨리!' 이렇게 재촉합니다. 그런데 그것을 참아 내라고 합니다. 질문에 대한 대답을 찾느라 머릿속이 뒤죽박죽되면서 해답을 찾는 순간이 오는데 그걸 '매직 모먼트'라고 합니다. 그런 순간을 자꾸 주라는 겁니다. 질문을 한 다음 대답을 강요하거나 재촉하지 말고 상대가 암흑 속에서 스스로 해답을 찾도록 기다리라는 것이죠.

세 번째는 케어입니다. 매니저는 직원들의 성장을 돌봐 주어야 한다는 것입니다. 그래서 매니저는 이 친구를 어떻게 성장시킬 수 있을지를 고민해야 합니다.

절대평가와 성장 마인드셋으로 직원 평가 방식을 바꾸다

회사에서 리더들을 바꾼 다음에 한 일은 직원 평가 방식을 바꾸는 것이었습니다. 이전의 상대평가를 절대평가로 바꾸고, 누가 일등이고 꼴찌인지 비교하지 않게 했습니다. 예산도 잘한 팀에 더 많이 나눠 주었습니다. 그리고 직원 평가에 있어 아주 중요한 항목을 집어넣습니다. 하나는 '마인드셋mindset'이라는 개념입니다. 스탠퍼드대 캐럴 드웩Carol Dweck 심리학과 교수가 성공한 수많은 사람들의 사례를 조사해서 '마인드셋(마음 자세)'이 성공에 어떤 영향을 미치는지를 밝혔습니다. 이 개념을 바탕으로 '성장 마인드셋'으로 일했는지 '고정 마인드셋'으로 일했는지를 보는 것입니다. 다른 하나는 어떤 영향력을 만들면서 일했는지, 즉 영향력 평가 항목을 집어넣습니다.

그런데 마음 자세를 평가하기란 쉽지 않습니다. 다시 말해 성장 마인드셋은 평가 항목이라기보다는 그런 문화를 만들고자 한 사티아 나델라 회장의 고민을 반영한 것이라고 할 수 있습니다. 내가 성장 마인드셋을 가지고 있는지 아니면 고정 마인드셋을 가지고 있는지 한번 체크해 볼까요?

| A 유형 |

1. 지능은 정해져 있다고 생각한다.

2. 남들에게 똑똑해 보이고 싶다.

3. 도전을 피하는 편이다.

4. 역경 앞에서 쉽게 포기하는 편이다.

5. 실패는 하면 안 된다고 생각한다.

6. 비판에 대해 옳더라도 무시한다.

7. 남의 성공에서 위협을 느낀다.

| B 유형 |

1. 지능은 성장할 수 있다고 생각한다.

2. 더 많이 배우고 싶어 한다.

3. 도전을 받아들이는 편이다.

4. 역경에 맞서 싸운다.

5. 실패는 완성을 위한 도구로 여긴다.

6. 비판으로부터 배운다.

7. 남의 성공에서 교훈과 영감을 얻는다.

A 유형은 고정 마인드셋, B 유형은 성장 마인드셋의 예입니다. 자신은 어느 유형에 속하는지 살펴보세요. B 유형이 많다면 성장 마인드셋을 가진 사람이고, A 유형이 많다면 고정 마인드셋에서 벗어나 성장 마인드셋을 갖도록 노력해야 할 것입니다.

저희 회사 직원들은 이 분류를 바탕으로 분기마다 자기 평가를 합니다. 자신이 성장 마인드셋으로 일했는지 고정 마인드셋으로 일했는지를 스스로 평가하는 것이죠. 그것을 기록하고요. 그럼 저를 포함한 매니저들이 피드백을 남깁니다. 성장 마인드셋으로 갈 수 있도록 유도를 합니다. 그렇다고 점수를 매긴다는 말은 아닙니다. '너는 20점이니까 고정 마인드셋이야' 이렇지는 않는다는 말이죠.

왜 이렇게 성장 마인드셋을 강조했을까요? 저희 회사에 고정 마인드셋을 가진 사람이 너무 많았기 때문입니다. 그들은 어릴 때부터 공부 잘해서 좋은 대학에 가고 고액 연봉을 받고 회사에 입사했습니다. 늘 성공만 해 온 사람들이죠. 그러니 항상 똑똑해 보이고 싶어 하고, 실패할 것 같으면 안 하려고 합니다. 실패의 위험이 적은 일을 하려다 보니 혁신적인 일은 피하게 됩니다. 그것은 곧 혁신을 가로막는 상황을 만들게 되죠. 그런 사람들이 많아서 회사가 이렇게 되었으니 임직원은 모두 성장 마인드셋을 가져야 한다는 것이었습니다. 그래서 성장 마인드셋을 가진 사티아 나델라가 회장이 될 수 있었던 것이기도 합니다.

우리 교육에서도 성장 마인드셋을 중요하게 여겼으면 합니다. 지금 우리 교육은 고정 마인드셋을 가진 사람들을 많이 길러 내는 구조입니다. 그들은 대체로 좋은 교육을 받고 학벌도 좋습니다. 그런 사람들이 고정 마인드셋을 가진 상태로 회사에 들어옵니다. 그러다 보니 회사에서는 이런 친구들을 다루기가 쉽지 않습니다.

공부 잘하는 사람만이 아니라 못하는 사람도 고정 마인드셋인 경우가 많습니다. '나는 흙수저야, 나는 7등급이었어, 나는 지잡대야' 이러면서 스스로를 고정 마인드셋에 가두는 것이죠. 반면에 '그게 무슨 상관이야. 그때는 내가 흥미 있는 분야를 못 찾았기 때문에 공부를 못했지만 지금은 이 분야에 흥미가 있어' 이런 친구들은 계속 성장하고 새로운 영역을 개척합니다.

정리하면 회사는 과거의 성공에 심취해 있는 사람보다는 성장 마인드셋을 가지고 성장하려고 계속 공부하는 사람, 그리고 혼자 공부하는 게 아니라 다른 사람과 함께 공부하고 나누는 사람을 뽑기 위해 노력합니다. 그래서 마음 자세가 매우 중요합니다.

영향력에 대한 세 가지 질문

직원 평가 방식의 두 번째는 영향력입니다. 직원 평가를 할 때 '당신은 어떤 영향력을 만들면서 일을 했나요?'라고 물어봅니다. 좀 더 세부적으로 살펴보면 다음과 같습니다. 다음 세 가지 질문을 던집니다.

먼저 개인적으로 어떤 성과를 거두었는지를 묻습니다. 이것은 쉽습니다. 우리는 태어나서 지금까지 계속 이 질문에 답해 왔거든요. 어린이집이나 유치원, 학교 등에 들어가면 부모는 친구들과 사이좋게 지내라고 말합니다. 그러나 막상 아이의 시험 성적이 나오면 몇 점인지, 몇 등인지를 먼저 묻습니다. 아이가 자신이 다른 아이들을 도와서 반 분위기가 좋아졌다고 해도 '알겠어. 그래서 넌 몇 점인데?'라고 묻는 것이죠.

개인의 성과를 아주 철저하게 관리하기로 유명한 케빈 터너Kevin Turner가 만든 KPIKey Performance Index(핵심 성과 지표)가 이전에 우리나라 모든 기업들이 직원들의 성과를 평가하는 지표였습니다. 개인의 성과를 정확하게 평가해서 그린, 옐로, 레드 등으로 나누고 레드가 몇 번 있으면 나가야 했습니다.

마이크로소프트도 이런 개인의 성과에만 매몰되어 있었습니다. 그러다 보니 혁신은 꿈도 못 꾸고 내부에서는 어마어마하게 경쟁하지만 성장하지 않는 회사였습니다. 그래서 사티아 나델라 회장이 한 가지 질문을 추가합니다. 오늘 강연 주제이기도 한 '당신은 다른 사람의 성공에 기여한 적이 있는가?'라는 질문입니다.

이것은 정말 어려운 질문입니다. 가이드가 없고, 열린 질문이기 때문이죠. 다른 사람에게 관심을 가져야 알 수 있습니다. 예전에는 다른 사람에게 관심이 없었습니다. 내 일이나 잘하면 되었으니까요. 그런데 이제는 다른 사람에게 관심을 가져야 합니다. 그뿐만이 아닙니다. 다른 사람이 잘하는 것을 배워서 자기 일에 적용해야 합니다. 어떻게 잘했는지 유심히 살펴보고 가서 배우다 보면 서로 긴밀히 소통하는 관계가 형성됩니다. 그리고 다른 사람들을 도와주면서 내 영향력은 더욱 커집니다. 그런 사람이 우리 회사에서는 인재입니다. 자기 일만 잘하는 사람이 아니라 더 많은 사람의 성공에 기여하는 사람을 원합니다.

회사는 그런 인재를 가만히 앉아서 기다려서는 안 됩니다. 인재가 될 수 있는 문화와 풍토를 만들어야 합니다. 사티아 나델라 회장이 절체절명의 회사에 들어와서 처음으로 한 일이 무엇인 줄 아세요? 자기 아픔을 공유하는 것이었습니다. 그는 태어날 때부터 말도 못하고 걷지도 못하는 중증장애 아들을 키우고 있다고 말했습니다. 그러면서 "나는 그런 아이도 음악을 듣고 글을 쓸 수 있는 소프트웨어를 만들기 위해서 이 회사에 왔습니다. 난 지금 너무 행복하고 즐겁습니다"라고 했습니다. 그러고는 직원들에게 "여러분의 꿈은 무엇입니까? 여러분도 자신의 꿈을 이루기 위해 나와 같이 일하는 게 행복했으면 좋겠습니다. 나는 여러분의 꿈과 성공에 기여하는 사람이 되고 싶습니다"라고 덧붙였습니다.

이것을 교육과 연결 지을 수도 있습니다. 이제 기업은 직원 개개인의 상처를 보듬고 오히려 그것을 꿈으로 키워 주려는 비전으로 바뀌고 있습니다. '네가 어려워하는 부분이 이것이구나, 너는 이게 상처구나, 내가 도와줄 수 있는 부분은 도와줄게'라고 하면서 파트너십을 이루며 일하고자 합니다. 그런데 미래의 인재를 키우는 교육에서 한 번도 실패하지 않고 아무런 상처도 없는 완벽한 아이로 키우려고 애쓰고 있습니다. 그보다는 아이 본래의 모습에 집중하게 하면서 다른 사람의 말에 경청하고 공감하는 아이로 자라도록 교육해야 하지 않을까요?

회사는 2001년부터 거의 15년간 정체기를 겪다가 사티아 나델라 회장의 취임 이후 크게 성장합니다. 시장 점유율에 대해서 이야기하지 않고, 혁신하라고 다그치지 않고, 매일 경청해라, 공감해라, 성장 마인드셋을 가져라 이런 도덕 교과서 같은 이야기를 반복했습니다. 그런데 주가가 스멀스멀 올라갑니다. 지난 15년간 20달러대였는데 40달러, 50달러가 됩니다. 저는 설마 더 오르겠나 싶어서 가지고 있던 주식을 냉큼 팔았습니다. 아깝습니다.

마이크로소프트라는 회사가 이런 재성장 과정을 거쳤기 때문에 경청, 공감, 성장 마인드셋이라는 도덕 교과서 같은 이야기에 국내 굴지의 기업 회장님들이 관심을 갖는다고 생각합니다. 이것이 성과와 연결된다는 것을 알기 때문입니다. 'ESG 경영'이라고 해서 지속 가능성이 중요한 화두가 되고 있습니다. ESG는 기업의 비재무적 요소인 환경environment, 사회social, 지배 구조governance를 뜻하는 말입니다. 아주 조금 있는 자원을 서로 빼앗겠다고 아옹다옹하면 모두가 공멸하는 세상이 왔으며, ESG 경영을 해야 투자도 받고 회사도 지속가능하다는 사실을 알게 된 것입니다.

부모는 아이 뒤에서 반 발짝만 따라가 주세요

그럼 어떤 사람들이 성공할까요? 제가 그동안 살펴본 성공한 사람들의 특징은 수없이 실패한 사람들이라는 것입니다. 그런데 우리나라 부모님들은 어떤 교육관을 갖고 계신가요? 단 한 차례의 시험에도 실패해서는 안 된다고 다그치면서 아이를 경쟁 대열에 내몰고 있지는 않은가요?

잠깐 제 아들 이야기를 해 드릴게요. 중학생 때 친구들이 모두 선행학습 학원에 다니니까 자기도 보내 달라고 해서 보냈는데 열심히 하지 않는 것입니다. 수업이 어려운데다 숙제도 너무 많았으니까요. 아이가 엄청 스트레스를 받기에 그 학원비 줄 테니까 하고 싶은 것을 하라고 했습니다.

아이는 교통과 관련된 것을 아주 좋아했습니다. 아주 어릴 때 울면 집 근처 전철역으로 데려가 기차가 달리는 것을 보여 주었습니다. 그럼 아이는 울음을 뚝 그쳤습니다. 그 정도로 기차를 좋아하고 탈 것에 관심이 많았습니다. 아이가 나무 조각이나 종이로 기차나 기차역을 만들면 제가 사진을 찍어서 블로그에 올렸습니다. 그러다 초등학교 5~6학년 무렵 자기 휴대전화가 생기니 직접 블로그를 운영해 보겠다고 해요. 그러고는 제가 그동안 운영해 준 기간까지 다 합쳐서 '6년차 블로거'라고 써 놓고는 본격적으로 활동을 시작했습니다.

혹시 이런 말 아세요? '버덕'은 버스 덕후, '항덕'은 항공기 덕후, '철덕'은 기차 덕후를 뜻하는 말이랍니다. 이것을 모두 합쳐서 '교덕'이라고 하고요. 제 아이는 교덕이었던 것이죠. 아이는 제가 학원비 대신 준 30만 원으로 전국을 다니면서 버스나 기차를 찍어서 블로그에 올렸습니다. 언젠가 도널드 트럼프 미국 대통령이 에어포스원을 타고 한국에 왔습니다. 교덕들 사이에서는 난리가 났습니다. 에어포스원을 찍으려고 대학생, 고등학생 등으로 이루어진 그룹이 만들어졌습니다. 중학생인 아이도 여기에 속했고요. 그런데 에어포스원은 행선지가 공개된 것이 아니었습니다. 그래서 아이를 비롯한 교덕들은 오산 공군기지로 올 것이라고 짐작하고 땡볕에 15킬로미터를 걷고 8시간을 기다렸다가 기어이 사진을 찍어 왔습니다. 그리고 그 사진을 자랑스럽게 블로그에 올렸습니다.

그런데 수학 시험에서 40점을 맞았습니다. 아이는 멘붕에 빠졌어요. 자기도 고민이 되었는지 교덕 중에 공부를 좀 하는 형들에게 물어봤나 봐요. '형, 내 수학 점수가 이런데, 앞으로 도시공학과에 가고 싶은데 어떻게 할까?' 그러자 형들이 '공대 가려면 이렇게 공부해서는 안 돼. 인서울하려면 몇 점은 되어야 해'라는 등의 현실적인 조언을 해 주었다고 합니다. 엄마나 선생님 말은 잘 안 들어도 형들의 말은 머릿속에 쏙쏙 박혔던 것입니다.

지금 고1인데 제발 좀 자라고 해도 공부를 합니다. 자신이 원하는 학과에 가려면 공부해야 한다는 것을 아는 거죠. 아이가 늘 하는 말이 있어요. "그때 제가 하고 싶은 것 하게 해 줘서 진짜 고마워요. 그러지 않았으면 지금 너무 힘들었을 거예요."

우리 아이의 경우처럼 부모는 아이가 좋아하는 것을 할 수 있게 반 발짝만 따라가 주세요. 너무 앞서가서도, 뒤에서 마냥 바라만 보고 있어도 안 됩니다. 아이 스스로 인생을 책임지게 하되, 늘 안전을 확인하고 꼭 필요할 때 도움을 주어야 합니다. 또한 아이에게 실패는 매우 중요합니다. 그리고 그 실패를 아이가 즐겁게 이겨 낼 수 있도록 해 주어야 합니다. 아이 혼자 힘들어하면 같이 할 수 있는 친구를 만들어 주거나 커뮤니티에 들어가게 해서 함께 하게 해 주는 것이 좋습니다.

실패도 하고 힘든 일은 즐겁게 버티면서 하다 보면 세상을 살아가는 단단한 근육이 만들어질 것입니다. 이런 경험이 없으면 작은 장애물을 만나도 힘들어하고 너무 안전하게만 가려고 합니다. 그럼 더 이상 성장하지 않는 고정 마인드셋으로 갈 수도 있습니다.

제가 늘 큰 위안을 받는 시를 소개하며 강연 마무리를 지으려고 합니다. 랠프 월도 에머슨Ralph Waldo Emerson이 쓴 「무엇이 성공인가」라는 시입니다.

자주 그리고 많이 웃는 것,
현명한 사람들에게 칭송받고 아이들의 애정을 얻는 것,
정직한 비평가에게 찬사를 듣고 잘못된 친구의 배신을 인내하는 것,
아름다운 것에 감사할 줄 알고 남에게서 가장 좋은 장점을 발견하는 것,
건강한 아이를 낳든 한 뼘의 정원을 가꾸든 사회 환경을 개선하든
조금이라도 더 나은 세상을 만들고 떠나는 것,
한때 이 땅에 살았다는 것으로 인해 단 한 사람이라도 살기 수월했다는 것을 깨닫는 것,

이것이 진정한 성공이다.

여기 계신 분들과 우리의 자녀들이 진정으로 성공하는 삶을 살았으면 좋겠습니다.

질의응답

사회자

▸ 이소영 이사님은 이번 강연에서 마이크로소프트사가 어떻게 어려움을 극복하고 다시 일어설 수 있었는지, 그리고 기업의 이런 부침이 우리에게 주는 메시지는 무엇이고 교육적 의미는 무엇인지 말씀을 해 주셨습니다. 또한 그것을 기업가로서만이 아니라 자녀를 기르는 부모의 입장에서도 일관성 있게 말씀하셨습니다. 그래서 저희에게 큰 울림이 되었습니다.

청중들의 질문은 두 가지입니다. '주변에 고정 마인드셋을 가진 사람들이 많고 나 혼자만 성장 마인드셋을 갖고 있다면 힘들 듯합니다. 이런 상황에서 성장 마인드셋을 잘 유지하려면 어떻게 해야 하나요?'라는 질문과 '사티아 나델라 회장의 등장과 함께 직원 평가가 상대평가에서 절대평가로 바뀌었다고 했는데, 국내 기업들에도 이런 변화가 감지되고 있나요?'라는 질문입니다. 이 질문에 답을 해 주세요.

이소영

▸ 나는 성장 마인드셋을 갖고자 하는데 주위에 고정 마인드셋을 가진 사람이 많다면 힘들 수 있습니다. 그래서 저는 주위 사람들에게 "성장 마인드셋을 가지세요!"라고 직접적으로 말하지 않습니다. 상대의 반응에 상처를 입을 수도 있으니까요. 대신 성장 마인드셋을 가진 사람들을 찾아다닙니다. 최근 온라인상에서 뜨거운 쟁점이 된 사건이 있었는데, 그 속에서 성장 마인드셋을 가진 사람을 발견하고 너무나 반가웠습니다. 그런 사람들과의 교류와 사귐에 힘을 많이 씁니다. 그렇게 서로 에너지를 주고받아야 합니다. 내가 에너지가 있어야 일상으로 돌아가서 고정 마인드셋을 가진 주변 사람들에게 조금이라도 영향을 미칠 수 있습니다.

사회자

▸ 개인뿐만 아니라 기관도 마찬가지입니다. 저희 기관은 성장 마인드셋으로 충천해 있습니다. 저희가 풀려는 사교육 문제가 정말 어려운 과제이기 때문입니다. 성장 마인드셋으로 대처하지 않으면 그 과제에 눌리기 쉽습니다. 이소영 이사님은 성장 마인드셋을 갖고 계시니 저희를 단박에 알아보셨을 것입니다. 더 나아가 이제 저희와 서로 협력적 관계가 되었습니다.

이소영

▸ 네, 맞습니다. 마음 자세가 좋은 사람들을 만나면 서로 소중하게 여기게 됩니다. 제가 여기서 강연을 하는 것도 같은 맥락입니다. 두 번째 질문인 우리 기업들도 상대평가에서 절대평가로 바뀌고 있는가에 대해서 말씀드리겠습니다. 우리 기업들도 마이크로소프트사의 이런 흐름에 대해 관심이 많습니다. 그래서 저를 많이 찾습니다. 이런 일련의 흐름을 통해 알 수 있는 것은 지금 대기업들은 인사 채용에 있어 전환기라는 사실입니다. 인사 평가를 상대평가에서 절대평가로 바꾼다든지, 커뮤니티 리더십을 강조한다든지, 다른 사람의 성공에 기여하는 것 같은 진정한 영향력을 중시하는 방향으로 바뀌고 있습니다.

사회자

▸ 국제적 기업들이나 국내 대기업들이 직원 평가 방식을 상대평가에서 절대평가를 바꾸려는 흐름은 교육적으로 매우 중요합니다. 그들이 상대평가를 폐기한 이유는 경쟁하는 DNA보다는 상생하고 협력하는 인재상을 중시한 결과입니다. 그런데도 우리 교육계는 상대평가로 줄 세워 경쟁에서 이기는 교육만을 시키니 참 심각한 문제입니다. 그래서 학교에 기업의 변화를 알려 주어야 합니다.

이소영

▸ 그 말씀을 하시니까 생각난 게 있습니다. 예전에 세일즈 분야에서는 매출 목표를 채우지 못하면 그만두는 일이 흔했습니다. 그런데 지금은 매출 목표를 달성하는 것도 중요하지만 고객의 성공 역시 중요하다는 것입니다. 그러니까 내가 물건을 팔되 어떻게 하면 고객의 성공에 더 기여할 수 있을까에 초점을 맞추면서 매출 관리를 하라는 것이죠. 예전처럼 '그냥 매출, 수입 숫자를 맞추면 된다'는 식의 메시지가 아니고요. 그런 메시지도 아예 폐기되는 경우가 많습니다.

사회자

▸ 지금까지의 말씀을 들어 보니까 기업이 직원을 평가하는 방식이 상대평가에서 절대평가로 어느 정도 전환된 것은 기업이 학교가 되기로 마음먹은 것이 아니라, 경쟁에서 살아남기 위한 고민의 결과인 것 같습니다. 즉, 다른 기업들과의 경쟁에서 우위에 서려면 직원들끼리는 협력하고 파트너십을 가져야 경쟁력 있는 아이디어가 나오고 성과도 좋다는 것이죠.

이것은 개인에게도 적용이 가능합니다. 개인이 생존하기 위해서라도 다른 사람과의 협업이 중요하다는 것이죠. 가정이나 학교 교육도 그런 방식으로 변화해야 할 것입니다.

질문자

▸ 이사님도 한국에서 학벌 지옥을 견디고 여기까지 오신 분이고, 옛날에는 분명 그런 선입견을 갖고 계셨을 텐데요. 무슨 말인가 하면, 좋은 대학을 나온 사람이 일을 잘하더라라는 시선이 요즘은 얼마나 달라졌다고 보시는지, 아직 여전히 남아 있다고 보시는지 궁금합니다.

이소영

▸ 분야마다 다릅니다. R&D 기술 영역에서는 학벌이 중요하지 않습니다. 어떤 문제를 풀기 위해 그 기술을 가진 사람이냐가 중요하고, 여기에 그 활용 경험을 혼자만이 아니라 다른 사람과 협력을 통해 확장해야 하기 때문에 정말 다양한 사람들이 회사로 들어옵니다. 특화된 능력이 필요한 영역에서는 학벌은 중요하지 않고, 그 영역의 경험을 누가 더 많이 했고 고객 피드백이 좋은지가 중요합니다. 그런데 그것은 좋은 대학에 가기 위해 자신의 온 에너지를 쏟은 사람들에게는 어려운 것입니다. 남들이 안 해 본 것을 붙들고 실패도 해 봤어야 하니까요.

물론 기관을 상대로 물건을 파는 세일즈 영역은 학벌 스펙의 부담이 더 있을 수 있습니다. 어쨌든 사람들은 이렇게 말할지도 모르겠습니다. 블라인드 채용을 해도 학벌이 좋은 사람들이 결국 뽑히는 것 아닌가라고 말이죠. 그러나 블라인드 채용을 통해 합격한 이들의 20~30퍼센트가 학벌과 상관없이 훌륭한 친구들도 뽑힌다는 점이 중요합니다. 왜냐하면 우리가 블라인드 채용을 하지 않았다면 학벌에 대한 편견 때문에 이런 친구들은 뽑지 않았을 테니까요.

사회자

▸ 학벌과 업무 성과의 관련성은 데이터를 바탕으로 과학적으로 규명해야 합니다. 직무 영역별로 학벌과 업무 성과의 관련성이 다를 수 있기 때문입니다. 또한 기업에서 여전히 학벌을 중시하는 것은 인내하며 목표에 도달하는 근성을 가진 사람을 찾는 데 있어 가장 쉬운 기준이다 보니까 그런 것이겠죠. 학벌의 어두운 면도 있습니다. 상대평가 중심의 평가를 통해 이기는 훈련을 20년 동안 받아 보니, 자기를 중심으로 세상을 보고 타인과 협력하는 것을 부담스러워하는 습성을 가지고 있기도 합니다. 그러니 학벌의 어두운 면을 배제하고 자신의 성장에 관심이 있는 사람을 찾는 채용 방식을 어떻게 만들 것이냐라는 것이 채용의 중요한 과제라고 할 수 있습니다.

이소영

▸ 맞습니다. 조금 다른 이야기인데요, 저에게는 아들 하나, 딸 하나가 있습니다. 딸은 발레를 좋아하고 몸 쓰는 걸 좋아하는, 약간 문과

계열의 사람입니다. 많은 부모님들이 걱정하는 문과 학생인 것이죠. 그런데 저는 그것을 걱정하지 않습니다. 다만, 문과생은 경험을 많이 해야 합니다. 그 경험이 축적되어 통찰력을 만들어 내야 합니다. 그런 의미에서 특히 문과생에겐 너무 공부만 시켜서는 안 됩니다. 풍부한 경험이 밑바탕이 된 인사이트가 있어야 동료 기술자들을 일하게 할 수 있습니다. 문과생이라는 이유로 취업이 안 되는 게 아닙니다. 인사이트가 없기 때문입니다.

문과 성향의 친구들이 '이과가 아니어서 어떡하지? 수학을 못하면 내 인생은 끝나는 것 아닌가?'라는 고민을 할 수 있습니다. 이럴 때 부모는 아이가 경험을 많이 할 수 있게 도와주어야 합니다. 저는 딸에게 이것저것 많이 해 보게 합니다. 아이는 실제로 하고 싶은 것도 많습니다. 그렇게 해서 경험을 많이 쌓게 되면 문과생이라도 걱정하지 않아도 됩니다.

사회자

▸ 사실 문과는 관계의 학문을 배우는 곳입니다. 타인과 세계와 나와의 관계를 규명하는 학문인 것이죠. 지금 이소영 이사님께서 하신 말씀은 타인과의 관계를 잘 맺는 것이 내가 살아가는 힘이기도 하고 기업이 필요한 부분이기도 하다는 것입니다. 그 관계를 잘 맺어 가는 것에 대한 경험과 그 경험을 조직할 수 있는 도구로서 문과 과목을

잘 해내면 여기에 기술은 얹기만 하면 됩니다.

저희가 조사를 해 보니까 오히려 IT 쪽에서 우대하는 사람은 문과적 소양이 깊으면서 기술까지 갖춘 사람이라고 합니다. 이것은 달리 말하면 소비자의 필요에 관심이 없으면서 그냥 기술만 알고 있는 사람은 전망이 없다는 것입니다. 기술을 어디에 어떻게 활용할지 맥락을 모르니까 남이 요구하는 대로 움직일 수밖에 없습니다. 그러니 '문과 경험이 마이너스다'라는 생각은 버려야 합니다.

3

직업의 발견
: 우리에게 직업은 무엇인가

도현명 | 임팩트스퀘어 대표

앞으로 내가 해야 하는 일은
두말할 필요 없이 나를 닮은 것입니다.
그 일이 어느 그릇에 들어가느냐에 따라서 모양이 바뀔 뿐입니다.
때로는 그릇을 옮겨야 할 때도 있을 것이고요.
그런 시대가 오고 있습니다.

제가 오늘 말씀드릴 주제는 '선택'입니다. 직업 자체가 돈을 버는 것으로 끝나지 않는 것은 선택 때문입니다. 무엇을 위해 선택하는가, 무엇을 하고 살 것인가에 대한 고민이 직업에 대해 우리가 궁극적으로 지향하는 바를 설명해 주는 가장 중요한 질문이라고 생각합니다.

제가 경영학과 02학번인데, 당시 제 친구들이 첫 번째로 가고 싶어 했던 회사는 골드만삭스나 JP모건 같은 외국계 금융사였습니다. 그것도 한국에 있는 회사가 아니라 홍콩, 싱가포르에 있는 회사를 가고 싶어 했습니다. 매킨지나 베인앤컴퍼니 같은 외국계 컨설팅 회사를 선호한 친구도 있었습니다.

저는 여러 가지 기회가 맞아떨어지면서 제가 가장 좋아하는 온라인 게임 회사에 들어갔습니다. 네이버의 온라인 게임 부문이었습니다. 당시 온라인 게임 회사는 개발자와 디자이너가 다수였습니다. 저 같은 경영학과 출신이나 기획자, 투자를 잘 아는 사람은 극소수였는데, 이들은 저처럼 게임을 좋아해서 온 것이었습니다. 요즘 말로 하면 '덕업 일치'라고 할 수 있습니다.

지금은 온라인 게임 회사라고 하면 어떤 일을 하는지 대충 상상이라도 되지만, 당시에는 개발자도 디자이너도 아닌 제가 가서 무슨 일을 하느냐는 질문을 많이 받았습니다. 아직 게임이 산업으로 자리잡기 전이어서 여기가 직장이라고 판단하는 사람들이 적었다는 것입니다. 그런데 지금은 국내는 물론 세계적으로도 게임 산업의 규모가 아주 커졌습니다. 2020년 기준으로 국내 콘텐츠 산업의 수출에서 게임이 차지하는 비중이 65퍼센트가량입니다. 이제 게임이 대세가 된 것이죠.

직업이란 무엇인가에 대한 질문, 그리고 선택

게임 산업의 경우처럼 산업 구조가 협소한 직업들이 많습니다. 지금의 제 직업도 마찬가지입니다. 제가 무슨 일을 하는지를 전혀 이해하지 못하는 분들이 많습니다. 한참을 설명해도 '좋은 일을 하시네요. 그런데 대체 그것이 무슨 일인가요?'라는 반응을 보입니다.

새로 생기는 산업은 직업으로서의 가치가 떨어지는 것 같습니다. 잘 이해되지 않기 때문이죠. 불안하고 위험해 보이기도 하고요. 이런 과정을 거치면서 도대체 직업을 잘 갖는다는 것은 뭘까, 연봉이 전부일까 하는 생각을 합니다. 그렇다면 답은 명료합니다. 마치 수능 점수로 대학 서열을 매기듯 연봉으로 기업들을 늘어놓으면 되니까요. 그런데 연봉이 다른 회사보다 높다고 해서 만족한다고 말할 수 있을까요?

이런 고민을 하면서 저는 다른 시도를 해 보았습니다. 한 국제 비영리 조직에 전략기획팀을 신설한 것입니다. 그 조직에는 원래 전략기획팀이 존재하지 않았습니다. 그런데 제가 잘하는 게 전략이니까 전략기획팀을 신설하고 대기업에 후원금을 받는 방법을 PPT로 만들었습니다. 그리고 비영리 활동에도 전략을 넣었습니다. 그냥 좋은 일을 착한 마음으로 하는 것을 넘어서서 더 잘하는 방법은 없을까 고민하다가 이런 시도를 해 본 것이죠. 제가 보기엔 매우 존경할 수 있는 조직이었지만 전략이 부재했습니다. 그래서 그 비영리 조직에 처음으로 전략이라는 직군을 만들었던 것입니다. 지금은 비영리 조직에도 전략과 관련된 일을 하는 직원이 있습니다.

전략가로서 비영리 조직에서 일할 때 어려움이 많았습니다. 제가 10개의 전략을 제안하면 5개는 실행되지 않습니다. 그 이유는 여러 가지가 있는데 때로는 윤리, 도덕, 문화적인 한계에 부딪힐 때도 있습니다. 비즈니스에서는 가능하지만 비영리에서는 안 된다는 것이죠. 때로는 '전통적으로 그렇게 해 오지 않았다'라는 것이 가로막기도 합니다. 그래서 1~2년 하다가 그만둡니다. 그럼 그 비영리 조직의 전략기획팀이 다시 없어집니다. 그렇다면 조직이 있고 거기에 필요한 사람을 뽑을까요, 아니면 사람이 조직에서 직군을 만들어 낼까요? 조직에서 그려 놓은 대로 살지, 내가 만들어도 되는지 고민이 되는 부분입니다.

그때 제 인생을 바꾼 책을 만났습니다. 실벵 다르니와 마튜 르 루가 쓴 『세상을 바꾸는 대안기업가 80인』이라는 책입니다. 두 프랑스 청년이 증권사를 잘 다니다가 어느 날 이렇게 살아도 될까에 대해서 이야기를 나눕니다. 그런데 이 '이렇게'라는 게 아주 나쁜 게 아니었어요. 그 당시 증권사가 괜찮을 때였고 두 사람은 좋은 연봉을 받고 있었으며 나름의 만족스러운 성과도 거두고 있었거든요. '이렇게'라는 것은 '흘러가는 대로'라는 뜻입니다. '남들 사는 대로, 매일 똑같은 대로, 어제와 오늘이 다르지 않은 대로 살아야 하나'라는 질문이 그들에게 있었습니다. 그래서 자신들처럼 살지 않는 사회적 기업가 100명을 만나기로 결심하고 퇴직금을 털어서 세계 일주를 떠납니다.

저는 그들이 나중에 어떤 직업을 갖게 되었나, 하던 일을 얼마나 쉽게 포기했나보다 더 중요한 것은 그런 질문을 할 수 있는 사람들이었다는 것입니다. 아까 제가 선택이라고 말씀드렸잖아요. 질문과 선택은 직업에 대한 우리의 관점을 설명해 줍니다. 이런 질문만 있어도 건강합니다. 그 질문을 바탕으로 무엇을 선택하든 그것은 각자에게 달린 것이니까요. 하지만 많은 사람들은 질문이나 선택 없이 살고 있고, 더러는 귀찮아서 질문을 던지기를 주저합니다. 그러다 보니 지금 여기에 머물게 된 것입니다.

어쨌든 그들이 전 세계에서 만난 100명은 그 영역을 과감히 벗어난 사람들이었습니다. 그들은 사회적 기업가라고 불렸는데 당시 우리나라에는 마땅한 용어가 없어서 '대안 기업가'로 번역되었습니다. 2007년에 사회적 기업 육성법이 제정되면서 사회적 기업을 제도화하고 체계적으로 육성하기 시작했습니다.

제가 네이버를 나온 것은 지겹거나 싫어서가 아닙니다. 천국 같은 곳이었어요. 돈을 주면서 게임을 하라고 하잖아요. 저는 세상에 기여하고 싶었고, 다른 사람도 함께 즐거웠으면 좋겠고, 다른 사람들의 어려운 삶을 바꾸는 데 참여하고 싶었습니다. 그러나 게임은 즐겁게는 해 주지만 문제를 해결해 주지는 않습니다. 여기에서 '사회적인 문제를 해결하는 기업가'가 제 목표가 됩니다. '직군과 조직과 직업의 형태가 무엇으로 정의되는가가 중요한가'라는 것에 대한 제 나름의 답입니다. 2006년 목표가 정해진 다음에 단 한 번도 이 목표의 방향성이 바뀐 적이 없습니다. 제가 하는 일의 형태가 바뀌었을 뿐이죠. 지금도 어떻게 바꿀까 계속 고민하고 있습니다.

누구나 인생에 한 번쯤 창업을 경험한다

2008년에 회사를 그만두고 학교로 돌아가 석사 과정을 준비했습니다. 그리고 그해 여름에 싱가포르에서 열린 '리콴유 글로벌 비즈니스 컴피티션'에 참가했습니다. 여기는 글자 그대로 일반 비즈니스 컴피티션입니다. 사회적 기업과는 아무 상관이 없습니다. 저희 팀이 최종 6팀에 뽑혔는데, 이 팀들을 초대해서 일주일간 세리머니를 합니다. 여기에는 싱가포르 장관들도 참석했는데, 그들은 저희에게 면담을 요청해서 무엇을 해 주면 싱가포르에 정착할 수 있겠느냐고 물어봅니다. 이 대회에 참가한 것 자체도 감사했는데 그런 제의까지 해 주니 영광이었습니다.

그때 가장 충격을 받았던 것은 저희를 제외한 5팀이 모두 사회적 기업을 창업하고자 한다는 사실이었습니다. 반면에 저희는 비즈니스 아이디어를 갖고 나갔습니다. 솔직히 말하면 일등을 해서 투자를 받겠다는 마음보다는 대회에서 상을 받아 이력서를 예쁘게 채우고 싶었던 것인데, 미국과 캐나다, 중국 본토와 홍콩, 싱가포르에서 온 친구들은 소셜벤처를 생각하고 있었습니다. 창업도 신기한데 사회적 기업을 창업하겠다고 와 있었던 것이죠. 놀랍지 않나요? 그게 2008년 여름에 있었던 일입니다.

제가 서울대 경영대에서 5년 전부터 '사회적 기업 창업'이라는 수업을 하고 있습니다. 사회적 기업을 창업하겠다는 학생들이 많지는 않지만 한두 팀씩 창업을 합니다. 50～60명의 수강생 중에서 한 두 명이 창업하는 것이죠.

미국 UCLA가 발표한 연구 보고서를 보면, 지금 대학에 다니는 친구들은 평균 7.5번 정도 직장을 바꿀 거라고 합니다. 저희 아버지 세대는 한 직장에서 오래 일하는 게 미덕이었습니다. 그런데 지금은 그런 시대가 아닙니다. 더 놀라운 것은 7.5번 중에 한 번이 창업과 관련이 있다는 것입니다. 자신이 창업을 하든 아니면 초기 창업팀에 들어가든 인생에 한 번쯤은 창업을 경험한다는 말이죠.

방글라데시의 경제학자인 무함마드 유누스Muhammad Yunus라는 사람이 있습니다. 그는 세계 최초로 기업가로서 노벨 평화상을 받았습니다. 그가 만든 기업인 그라민은행과 함께 받죠. 그가 상용화한 서비스는 무담보 소액 대출입니다. 최빈곤층에게 담보 없이 소액을 대출해 주는 것입니다. 신용 등급은 당연히 없습니다. 놀랍게도 93퍼센트 정도를 돌려받고, 300만 명이 최빈곤층에서 탈출합니다. 당시 우리나라에서 무담보 소액 대출의 이자율이 1～2퍼센트였다면 방글라데시는 22퍼센트 정도였다고 합니다.

그런데 노벨 평화상 심사 과정에서 심사위원들이 불만이 많았다고 합니다. 그들은 넬슨 만델라 옆에 기업가가 서는 게 마음에 들지 않았던 것입니다. 그는 비슷한 시기에 『포춘』과 『포브스』에서 주는 위대한 21세기 기업가상이라는 것도 받습니다. 그때 또 심사가 엉망

진창이 됩니다. 심사위원들이 보기에 그는 사회봉사자이자 사회운동가였으니까요. 사회운동가가 스티브 잡스 옆에 서는 게 마음에 들지 않았던 것입니다.

이처럼 기존의 관점으로는 해석되지 않는 직군, 직업이 늘어나고 있습니다. 저희 회사 공동 창업자의 아버지는 아직도 아들이 무슨 일을 하는지 모릅니다. 그래서 저희 회사에 카페가 하나 있는데, "카페해요"라고 하거나 "그냥 컨설턴트예요"라고 말합니다. 한마디로 설명하기가 쉽지 않으니까요. 경제 쪽에서 보면 사회복지이고 사회복지 쪽에서 보면 경영입니다.

예전의 관점으로 해석하거나 정의하려고 하면 오히려 오해와 오류가 나는 것들이 늘어나고 있습니다. 세상이 바뀌고 있는 것입니다. 그럼 당연히 직업 종류도 바뀌고 직업에 대한 관점도 바뀌겠지만 가장 중요한 건 직업에 대한 의의도 바뀐다는 것입니다. 코로나19를 겪으면서 세상이 바뀌는 속도가 더 빨라졌습니다. 어마어마한 속도로 바뀌고 있어요. 이렇게 세상이 변하면서 사회 문제가 사람과 비즈니스에 미치는 영향도 커지고 있습니다. 예전에는 '기온이 1년에 0.5도 올라가는 게 내 사업하고 무슨 상관이 있어?'라고 생각했습니다. 그런데 지금은 상관이 있습니다.

새로운 세대 역시 매우 중요한 이슈입니다. 새로운 세대는 장점도 있고 단점도 있습니다. 제가 오늘 말씀드리려는 건 산업과 관련된 사회 문제입니다. 예를 들어 아마존이라는 세계 최대의 정보통신기술ICT 회사의 청년 노동조합이 시위를 합니다. 보통 노동조합이 시위를 한다면 임금 인상이나 안전 보장, 정년 보장 등을 떠올리기 쉬운데, 이들은 탄소 배출을 줄이라고 요구합니다. 마이크로소프트도 마찬가지입니다. 탄소 저감 정책을 내놓지 않으면 200명이 퇴사하겠다고 합니다. 결국 아마존과 마이크로소프트는 탄소 저감 정책을 내놓습니다. 또한 넷플릭스는 다양성을 보장하라는 청년 노동조합의 요구에 다양성 관련 정책을 강화합니다. 내 임금뿐만 아니라 내가 관심 있는 무엇인가를 회사에 요구합니다. 그들은 한 기업에 오래 있을 생각이 없습니다. 그래서 불만을 이야기합니다. 이야기해도 바뀌지 않으면 그만둘 수도 있겠죠.

우리나라도 이렇게 바뀌고 있습니다. 카카오에서 소수의 고성과자들에게 고급 호텔 숙박권을 제공한 것이 알려지면서 복리후생 차별에 대한 반발이 있었습니다. 지금은 카카오 같은 IT 기업만이 아니라 대기업들 대부분이 비슷한 일을 겪고 있습니다.

이런 변화가 나타나는 것은 새로운 세대가 직업관, 직업에 대한 의의 자체를 바꾸기 시작했다는 의미입니다. 혹시 '경제적 자유'라는 말을 들어 보셨나요? 요즘 세대에게는 매우 중요한 용어입니다. 옛날에는 돈을 벌면 더 벌려고 노력했습니다. 그런데 지금은 '경제적 자유'를 얻는 선이 60억 원이라고 합니다. 이 정도 금액이 있으면 일을 안 하겠다는 거예요. 그렇다면 놀겠다는 말일까요? 아닙니다. 자기가 하고 싶은 일을 하겠다는 것입니다.

일에 대한 관점이 바뀌고 있다

올해 초에 우리나라에서 있었던 일입니다. 유럽 최대 연기금 운용사인 네덜란드 연금자산운용APG이 삼성전자를 비롯한 10개 기업에 '구체적인 탄소 감축 계획을 밝히라'라는 서한을 보냅니다. 그런데 삼성전자는 이에 대한 구체적인 계획이 없습니다. 매출액 대비 탄소 배출량이 과다한데도 말이죠. 이런 상황에서 그들은 기업에 '이 문제를 어떻게 해결할 겁니까? 돈을 어떻게 벌 거예요?'라고 질문을 하고 답변을 듣고자 합니다. 그럼 그들이 환경을 너무나 사랑해서 그런 요구를 할까요? 아닙니다. 이 부분을 챙기지 않으면 이익이 감소하고 위기가 발생할 것 같기 때문입니다. 이렇게 금융권이 바뀌기 시작했고, 비즈니스도 따라서 움직이고 있습니다.

테슬라가 전기차를 만든다고 했을 때 많은 사람들이 비웃었습니다. 테슬라의 최고경영자인 일론 머스크Elon Musk의 초기 영상을 보면 그가 인터뷰하다가 우는 영상이 몇 개 있습니다. '왜 내 꿈에 아무도 동의해 주지 않지? 그전까지 존경하는 선배들, 사랑하는 동료들과 서로의 꿈에 대해서 이야기를 주고받았는데, 왜 전기차를 만들겠다, 로켓을 쏘아 올리겠다고 하니 비웃지?' 그는 이해할 수 없었던 것입니다.

영상에서 일론 머스크는 테슬라가 세계 1위 전기차 회사가 되는 것은 물론, 전기차를 비웃는 BMW가 전기차를 만드는 게 꿈이라고 말합니다. 그의 말대로 지금은 BMW를 비롯하여 모든 자동차 회사에서 전기차를 만듭니다. 모든 회사들이 환경과 사회를 고려하지 않으면 미래를 담보할 수 없는 시대가 된 것입니다.

그럼 무엇이 필요할까요? 그 일을 할 사람이 필요합니다. 돈은 어제 결정해서 오늘 사용할 수 있지만 사람을 키우는 데는 상당한 시간이 필요합니다. 여기에 사회와 환경까지 고려해서 돈을 벌어야 합니다. 굉장히 어렵죠. 지금 전 세계는 사회와 환경을 두루 아우를 수 있는 인재를 찾고 있습니다. 저희 영역이 미래지향적이라고 하는 이유는 미래에는 저희 같은 사람이 필요하기 때문입니다.

저희 회사는 사회적 가치를 추구하는 스타트업 기업에 투자해서 키우는 일을 합니다. 대기업에 사회적 가치 기반의 신사업을 제안하고 그 사업을 실행할 수 있도록 돕습니다. 또한 저희가 투자한 스타트업 기업과 대기업이 협업하게 만들기도 합니다. 이 사업을 어떻게 설명해야 할까요? 놀랍게도 이 사업은 하나의 일입니다. 하나의 메커니즘으로 돌아갑니다. 그런데 이것을 서비스의 형태로 본다면 컨설턴트이고 저희의 역량으로 따지면 투자입니다. 이렇듯 한마디로 설명하기 쉽지 않은 영역이 존재합니다.

저희는 2010년부터 이 일을 했습니다. 그런데 이제야 이슈가 되기 시작했습니다. 오랫동안 그 자리를 지켜 온 사람들에게 기회가 온 것입니다. 네이버를 창업한 선배들에게 물었습니다. '어떻게 하다가 이렇게 큰 기업이 되었습니까?' '시대가 우리를 만들어 준 거야.' 그들은 겸손하게 대답합니다. 하지만 이것은 사실입니다. 시대가 그들을 필요로 했습니다.

앞으로는 먹기 위해서 일하는 게 아니라, 일하니까 먹을 수 있는 직업관이 중요해지게 될 것입니다. 먹기 위해서 일하는 게 중요하지 않다는 말이 아닙니다. 점점 더 먹기 위해서 하는 일과 일하면 먹게 되는 세상이 첨예하게 대립할 것입니다. 많은 사람들은 차츰 후자를 선택하게 될 것이고요. 특히 젊은 세대가. 왜냐하면 더 잘 먹게 되는 것에 대한 희망이 줄어들고 있고 가치에 대한 인식은 더 높아지고 있으니까요. 이 두 가지가 시너지를 내면 '아무리 최선을 다해서 5년 더 일해 봤자 집은 못 살 것 같고 그러면 재미있는 걸 하자.' 이런 결정을 하는 사람이 늘어날 것이라는 말이죠. 그럼 일을 바라보는 두 가지 관점이 때로는 부딪치고 때로는 융합하면서 앞으로 나아가게 될 것입니다.

미국의 한 투자자가 성공한 200여 개 기업을 대상으로 설문 조사를 했습니다. 어떻게 해서 성공했는지를 물은 것이죠. 결과는 어떻게 나왔을까요? 우리가 흔히 중요하다고 생각하는 좋은 아이디어는

3위였습니다. 비즈니스 모델은 4위, 돈은 5위였습니다.

1위와 2위는 좀 놀랍습니다. 2위는 팀 구성원과 실행 능력이었습니다. 당연히 실행하는 거 아니야? 아닙니다. 실행을 잘하는 사람, 실행을 빠르게 하는 사람, 실행을 반복할수록 잘하는 사람이 존재합니다. 실행 능력이 매우 중요하다는 거예요. 팀도 실행 능력에 대한 것입니다. 그러니까 이게 큰 조직 안에서 되는 게 아니기 때문에 2명이 할 일, 3명이 할 일로 나누고 이 안에서 성과를 얼마나 낼 수 있는지 능력에 대한 이야기입니다. 이것은 뒤에서 말씀드리게 되는 사람과 사람의 관계를 어떻게 맺느냐에 대한 이야기이기도 합니다. 실행은 나 혼자 못하거든요. 그래서 조직을 이루고 커뮤니티를 이뤄야 하는데 그걸 어떻게 잘하느냐가 중요하다는 말입니다.

그럼 1위는 무엇일까요? 바로 타이밍입니다. 타이밍은 앞에서 말씀드렸던 네이버를 창업한 사람들이 들려준 '시대가 우리를 만들어 준 거야'와 비슷한 이야기입니다. 다른 점이 있다면 타이밍은 기다려야 한다는 것입니다. 타이밍은 만들 수 있는 게 아닙니다. 테니스를 할 때를 생각해 보세요. 공을 날릴 수 있는 최적의 타이밍은 내가 만드는 게 아닙니다. 공이 날아오는 순간에 내 라켓을 가져대 대는 것입니다. 그래야 공은 멋진 곡선을 그리며 상대 코트로 날아갑니다.

최적의 타이밍을 위해서는 기다려야 합니다. 기다리기 위해서는 무엇이 필요할까요? 오래 버텨야 합니다. 그럼 오래 버틸 수 있는 능력은 뭘까요? 확신입니다. '이걸 내가 좋아해. 이게 미래에 반드시 올 거야. 이 일은 중요하기 때문에 누군가는 해야 해'라는 확신 말이죠.

기다리고 버텨서 성공한 사람들

직업이라는 것을 내가 만들어 내고 다루고 능동적으로 대응하기 위해서는 중요하게 다루어야 할 세 가지 특질이 있습니다. 첫 번째는 가치관입니다. '나는 이것을 해야 해. 할 거야. 좋아해.' 여기에 대한 명확한 선호 말이죠. 이것이 앞에서 말한 선택이라는 것입니다. 이것이 없으면 창업은 성공하기 어렵습니다. 평생 7.5번의 이직 중에 최소한 한 번의 창업이라는 필수적으로 거치게 되는 과정을 실패하게 될 것입니다. 직업이라는 전체 여정 중에 최소한 14퍼센트가 위험해질 것이라는 말이죠.

창업뿐만이 아니라 특정 직장에 들어가서 아직은 유명하지 않은 산업군에서 버티는 기간이 될 수도 있고 때로는 뚜렷하게 보이지 않는 정의할 수 없는 직군에서 오랫동안 자신의 역량을 쌓는 과정일 수도 있습니다. 왜 그렇게 해야 할까요? 나의 가치관 때문입니다. 내가 그게 옳다고 믿는 마음 말입니다. 그래서 버틸 수 있는 역량이 중요하다는 것이죠.

그렇게 오랫동안 기다리고 버텨서 성공한 사람들을 소개하겠습니다. 먼저 오파테크OHFA TECH는 스마트 점자 교육 기기를 만드는 회사입니다. 점자는 전 세계 3억 명이 넘는 시각장애인이 배웁니다. 우리나라에도 26만 명이 있어요. 점자를 모르면 고등학교 이상의 학문을 배우기 어렵습니다. 그런데 전 세계 3억 명 중에 5퍼센트가량만이 점자를 읽고 쓸 줄 압니다. 우리나라는 10퍼센트가 점자를 읽고 쓸 줄 알고요. 점자를 읽고 쓸 줄 모르면 직업을 갖는 데도 제한을 받습니다. 그들을 위해서 만든 교육 기기입니다.

시각장애인은 일반인보다 교육을 받는 비용이 비쌉니다. 선생님이 일대일로 가르쳐야 하니까요. 부모가 점자를 모르면 아이에게 가르칠 수도 없습니다. 그런데 오파테크에서 만든 기기는 사용하기가 쉽습니다. 제가 기기에 스마트폰을 연결해서 'CAT'이라고 쓰면 기기에서 'CAT'이라는 점자가 튀어나옵니다. 그 점자를 손으로 만져본 뒤에 블록을 떼어서 'CAT'을 누르고 기기에 올려놓으면, 기기에서 철자가 맞았는지 틀렸는지 확인해 줍니다. 점자를 받아쓰기하면서 배우는 것입니다. 점자는 일대일로 가르친다고 했잖아요. 이 기기는 앱을 이용해서 동시에 50명까지 가르칠 수 있습니다. 비용 또한 기존 교육비의 60분의 1밖에 들지 않습니다.

코로나19 시기에 이 기기는 큰 역할을 했습니다. 코로나19가 확산되자 장애인 학교가 먼저 문을 닫았습니다. 그중에서도 시각장애인은 무엇이든 손으로 만져야 하니까 감염병에 더 취약했습니다. 일반 학교 아이들처럼 온라인으로 하는 줌 수업도 쉽지 않았습니다. 그런데 이 기기가 줌이랑 연결되면서 세계 최초로 비대면 학습 기기가 되었습니다. 점자를 선생님 없이도 앱을 이용해서 가르칠 수 있었으니까요.

오파테크는 기기를 만들고 5년 동안 타이밍을 기다렸습니다. 사업이 잘되는 타이밍이 있습니다. 사업이 잘된다는 건 뭡니까? 더 많은 시각장애인들에게 점자를 가르칠 수 있는 기회가 열릴 거라고 믿는다는 것입니다. 그들은 점자 문맹 위기를 해결할 수 있다고 믿었던 것이죠.

다음은 제가 신는 신발을 제작한 회사 이야기를 해 드릴게요. 미국에 있는 큰 패션 회사에 잘 다니고 있던 한 MD는 우연한 기회에 환경에 관심을 갖게 됩니다. 자신이 다니는 회사에서 많은 재고 물품을 그대로 버리는 것을 본 후부터였습니다. 그는 이렇게 많은 걸 버리면 환경은 어떡하지 하는 생각이 꼬리에 꼬리를 물었습니다. 그러다가 친환경적인 신발을 만들어야겠다고 생각합니다. 친환경 소재로 옷을 만드는 회사는 있는데 친환경 소재로 신발을 만드는 회사는 아시아에서 이곳이 최초입니다.

그럼 이런 신발을 왜 만들었을까요? 친환경 소재는 재료 값이 비싸서 일반 신발보다 더 비싸게 팔아야 합니다. 그런데 아직 이런 소재의 신발이 없다 보니 더 비싸게 팔지 못합니다. 그럼 이익이 덜 나는 것이 분명한데도 굳이 한 이유는 무엇일까요? 우리나라 사람들은

1년에 신발을 평균 4켤레를 산다고 합니다. 4켤레를 사면 4켤레 정도를 버리겠죠. 그럼 1년에 2억 켤레가 됩니다. 이렇게 많은 신발이 버려지는 걸 눈으로 봤기 때문에 외면할 수 없었던 것입니다. 이것이 그가 회사를 창업한 이유입니다. 물론 돈을 벌고자 하는 이유도 있었겠지만 그보다는 '버려지는 옷 문제를 해결하고 싶다'는 더 강력한 동기 요인이 있었습니다.

다음은 최초로 상장에 성공한 소셜벤처 이야기입니다. 잘나가던 보건학 박사 두 사람이 아프리카에 갔다가 말라리아로 죽어 가는 사람들이 여전히 10만 명이 넘는다는 사실을 알게 됩니다. 말라리아 약은 충분히 보급되어 있었습니다. 문제는 말라리아 원충의 유형을 알아내고 그에 맞는 약을 처방해야 하는데 감염자의 피를 뽑아서 도시에 가져가 진단해서 돌아오는 데 최대 1~2주가 걸립니다. 그 시간을 기다리지 못하고 죽는 것입니다.

그래서 그들은 15분 만에 말라리아 유형을 진단할 수 있는 카트리지와 진단 기기를 개발했습니다. 시간도 크게 단축되고, 진단 성공률도 높습니다. 게다가 크기도 혈액 진단 기기가 방의 절반 정도를 차지할 정도인 데 비해 이 카트리지는 개인 책상에 올라갈 정도로 작습니다. 매우 혁신적이죠. 그러나 개발 과정은 순탄하지 않았습니다. 투자자에게 사정을 해 가면서 연구를 하여 5년 만에 결과가 나왔습니다. 그래도 포기하지 않았던 것은 이것이 된다는 믿음, 꼭 필요하다는 생각 때문이었습니다.

어느 날 한 연구원이 저희 회사를 찾아왔습니다. 그는 버려진 폐그물을 재생해서 나일론을 뽑아내는 사업을 하겠다고 했습니다. 저희도 이런 일을 좋아합니다만 속으로는 이렇게 생각했습니다. '굳이 왜 그렇게까지?' 나일론이 그렇게 비싼 소재가 아닌데 굳이 재생까지 해서 쓰면 너무 비싸지지 않을까 하는 고민을 했습니다. 하지만 그의 열정과 열망에 설득되어 초기에 3000만 원 정도를 투자했습니다. 그런데 때마침 넷플릭스의 〈씨스피라시Seaspiracy〉라는 다큐멘터리가 대박이 납니다. 'Seaspiracy'는 'sea'와 'conspiracy'를 합친 것으로, 바다와 연관된 부패를 추적하는 탐사 다큐멘터리입니다.

흔히 우리는 바다 오염이 개인이 버리는 빨대나 페트병 같은 플라스틱 때문이라고 생각합니다. 그런데 어민들이 버리는 어망이나 어구가 바다 오염의 40퍼센트를 훌쩍 넘는다고 합니다. 이것을 방치하고 있는 산업계와 정부의 유착이 더 큰 문제라는 것이죠. 이 다큐멘터리가 뜨니까 그제야 환경부가 어망이나 어구를 재생할 수 있는 회사를 빨리 찾으라고 하면서 이 회사가 주목받게 되었습니다. 이 회사는 투자를 받아서 경남 하동에 공장을 지었고, 대기업 임원들이 재생 나일론을 사기 위해 공장에 방문하기도 했습니다.

느린 학습자 아이에게 수학을 가르치는 것에서 출발하다

'리니지' 게임으로 유명한 엔씨소프트에 다니던 부부가 아이를 낳았는데, 아이가 느린 학습자(경계선 지능인으로, 평균보다 지능이 낮아 또래 관계 형성과 학습에 어려움을 겪는 사람)였습니다. 부부는 아이를 좀 더 우호적인 환경에서 키우기 위해 미국으로 유학을 갑니다. 그런데 수학이 문제였습니다. 그래서 엄마가 아이에게 기초 수학만이라도 가르쳐야겠다고 생각하고 '토도수학TODOMATH'이라는 앱을 만들었습니다.

이 앱은 '리니지' 게임의 중독성과 한국 수학 교육의 위대함을 합친 것입니다. 아이에게 효과가 있자 자신과 같은 엄마를 위해서 공개합니다. 그런데 놀랍게도 전 세계 10여 개국에서 교육 앱 분야 1위를 합니다. 이 성공을 계기로 소득, 지역, 장애 같은 다양한 이유로 제대로 교육을 받지 못하는 아이들을 위한 교육 콘텐츠 회사를 만듭니다. 바로 '에누마'라는 회사입니다.

이 회사는 글자를 왼쪽에서 오른쪽으로 읽는지 오른쪽에서 왼쪽으로 읽는지도 모르고 숫자와 알파벳도 구분하지 못하던 아프리카 탄자니아 아이들이 이 회사의 프로그램으로 공부해서 성공하면서 유명해졌습니다. 테슬라 최고경영자 일론 머스크가 후원하는 엑스프라이즈 재단의 전 세계 아동 문맹 퇴치를 위한 소프트웨어 경진대회에서 공동 우승하여 60억 원이 넘는 상금을 받기도 했습니다. 지금은 매출액이 100억 원이 넘습니다.

에누마는 '모든 아이들은 기초 교육을 받을 권리가 있다'라는 신념을 지키기 위해 콘텐츠를 만든다고 합니다. 동기가 정말 특별하지 않나요? 처음에는 자신의 아이를 위해서 시작했지만 그것이 확장되어 비슷한 처지의 다른 아이들을 돕습니다. 그리고 하나의 회사가 만들어지죠. 이런 기업 가치에 공감하는 뛰어난 개발자들이 회사에 모여들고, 투자자들은 너도나도 투자를 합니다.

저희가 굉장히 좋아하는 회사를 소개하겠습니다. 보육원 출신 친구들이 만든 회사입니다. 화장품 브랜드인 이니스프리의 간판 보셨나요? 벽면 녹화가 콘셉트인 간판인데, 그 큰 간판을 살아 있는 식물로 장식합니다. 이들이 하는 일입니다. 이 친구들은 직업을 갖는 게 쉽지 않아서 마흔이 넘도록 편의점 야간 알바 같은 임시직을 전전하곤 했습니다. 그러다 저희와 함께 사업을 구상하게 되었습니다. 친구들 대부분이 농고 출신이라 식물을 잘 안다는 점을 감안하여 플랜테리어 비즈니스라는 미래지향적 산업군을 찾아냈습니다. 이것은 3만 달러 비즈니스라고 합니다. 1인당 GDP가 3만 달러가 넘어가야 가능한 비즈니스라는 말이죠. 일본이나 북유럽도 3만 달러를 넘으면서 이 분야가 빠른 성장세를 보이기 시작했습니다.

나를 닮은 직업을 찾아라

직군이나 직업도 기업에 의해서 설계될 수 있습니다. AI가 우리 직업을 바꾸게 될 테니까요. 그럼 더 인간다운 것, 더 직업으로서의 가치가 존재하고 이어질 수 있도록 하는 것이 중요합니다. 이런 관점에서 비즈니스를 해야 합니다. 이미 유럽이나 미국에서는 직업을 만드는 실험을 하고 있습니다. 돈을 벌기 위해서가 아니라 일을 하기 위해서 직업을 만드는 것입니다.

사회운동가이자 기업인인 폴 호켄Paul Hawken이 쓴 책에 이런 말이 나옵니다. 제가 굉장히 좋아하는 구절입니다. '성공할 수 있는 사업은 두말할 필요 없이 당신을 닮았다.' 저는 학교에서 직업에 대해서 잘못 가르치고 있다고 생각합니다. 제가 초등학교 때는 직업군을 죽 늘어놓고 설명하거나 때로는 부모님이 오셔서 자기 직업을 설명했습니다. 그 자체가 틀렸다는 게 아니라 거기에 머물면 직업에 대해 오해하게 됩니다. 돈을 버는 특정 직군과 조직과 직업으로 이해하게 되는 것이죠.

앞으로 내가 해야 하는 일은 두말할 필요 없이 나를 닮은 것입니다. 나의 것이고요. 그 일이 어느 그릇에 들어가느냐에 따라서 모양이 바뀔 뿐입니다. 때로는 그릇을 옮겨야 할 때도 있을 것이고요. 그런 시대가 오고 있고 실제로 그런 가치가 우위인 시절을 살기 시작했습니다.

저희 회사는 창업한 지 12년이 되었습니다. 그동안 헤드헌팅 회사에서 회사를 매각하라거나 기업의 대표를 맡아 달라는 제안을 여러 번 받았습니다. 그 회사에서 저를 초대하는 이유는 산업은 성장하는데 전략을 세울 사람이 없기 때문일 것입니다. ESG나 스타트업 관련된 곳에서 연락이 옵니다. 회사 매각에 대해서는 대기업이나 저희보다 큰 컨설팅 회사에서도 옵니다. 최근에는 로펌에서 연락이 와서 회사를 팔겠느냐고 묻더군요. 이 영역이 넓어지고 있다는 반증입니다. 제가 말씀드리고 싶은 것은 저희처럼 한마디로 정의되지 않는 회사, 창업자의 부모도 잘 이해하지 못하는 회사를 사겠다는 곳들이 있다는 것입니다.

저희 같은 기업이 100개쯤 생기면 이 영역이 하나의 산업군이 될 것입니다. 대학에 가서 강의할 때 이런 말을 합니다. 산업에서 중요한 위치를 차지하는 것은 보통 30대 중반부터잖아요. "지금의 여러분이 10년, 15년 뒤 살 세상은 지금과 같지 않을 것입니다"라고 말입니다. 지금 잘나가는 산업만을 보고 선택하지 말라는 것입니다.

어떤 직장이 좋은지, 얼마나 오래 다닐 수 있는지 등을 따지는 게 무의미할 수 있습니다. 지금 안정적인 직장이 5년 안에 어떻게 될지 아무도 모릅니다. 대한항공과 아시아나가 그렇게 무너질 거라고 누가 생각했습니까? 그들의 전략이 틀리지도 않았고 현금 흐름이 나쁘지도 않았으며 부동산에 문제가 있었던 것도 아닙니다. 인재가 부족했던 것도 아니에요. 코로나19 때문에 망한 것이죠. 이렇듯 아무도 예상하지 못한 일들로 한순간에 회사의 운명이 바뀔 수 있습니다.

이런 관점에서 보면 예측 불가능성이 존재합니다. 내가 지금 해야 할 것, 나에게 필요한 것이 무엇인지를 알고 이것을 직장이나 직업에 반영하는 게 아주 중요해지고 있습니다.

이직률을 살펴볼까요? 입사 1년 차 이직률입니다. 2010년에는 37.7퍼센트였는데 2020년에는 77.1퍼센트입니다. 10년 만에 2배가 넘습니다. 그렇게 힘들게 취업을 했는데 말이죠. 이것을 인내심이 없다고 보면 안 됩니다. 물론 인내심이 없는 측면도 있겠지만 더 큰 이유는 조직에 대한 기대가 없기 때문입니다. 이 조직이 나를 평생 책임질 거라고 생각하지 않는다는 말입니다.

좋은 직업을 갖는다는 것

두 번째는 AI가 대체하지 못하는 일을 해야 합니다. 여기에 고민이 많이 되는 영역이 존재합니다. 도로에 AI 자동차가 많아지면 택시 운전하는 분들은 어떻게 될까요? 그분들의 직장이 불투명해질 것입니다. 이미 많은 편의점들이 무인으로 운영하는 키오스크를 들여놓았습니다. 이제 점점 AI로 대체할 수 있는 직업과 대체할 수 없는 직업으로 나뉠 것입니다. 소득이 낮은 직군만 대체될 것이라고 생각하면 안 됩니다. 미국에서 가장 먼저 AI로 대체된 직군은 놀랍게도 초고소득 직군이었습니다. 골드만삭스 같은 대형 투자사에서 M&A나 투자 보고서를 작성하는 업무가 AI로 많이 대체되었습니다. 왜 그럴

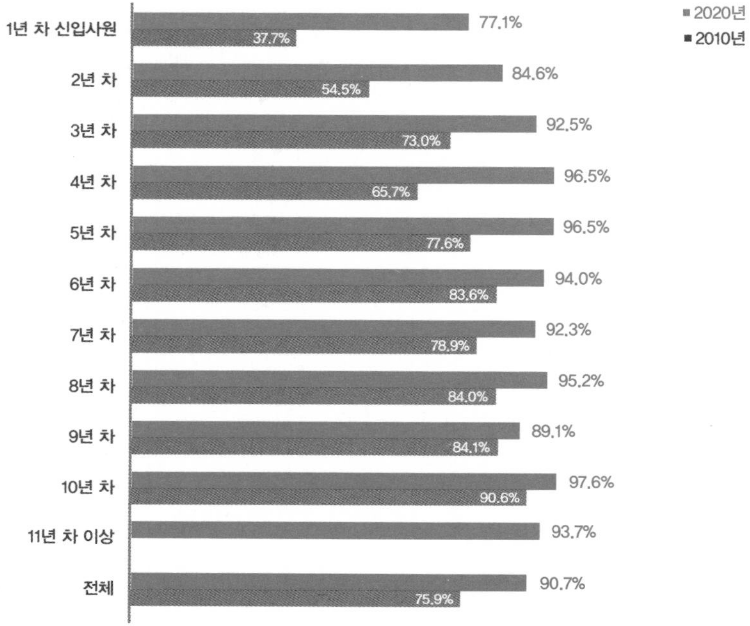

직장인 경력 연차별 이직 경험률

출처: 잡코리아

까요? 이 직군의 연봉이 높기 때문입니다. 연봉이 낮으면 대체하는 게 무의미하죠. 앞으로는 이런 일이 더욱 가속화될 것입니다.

우리는 진짜 하고 싶은 일, 좀 더 넓게 보면 사람이 해야 하는 일이 무엇인지에 대해서 이해해야 합니다. 그리고 그 일은 기술로 하는 일은 아닐 것입니다. 단순 기술로는 AI를 이길 방법이 없습니다. 증기기관이나 기계가 대체한 게 노동력이라면 이건 생각과 계산을 대체하는 것이거든요. 그렇게 할 수 있는 일은 다 대체될 것이고, 인간의 직업은 제한될 것입니다. 그러니까 이렇게 직업을 논의하는 게, 특정 유형을 설명하는 게 무의미해질 것이라는 말입니다.

그럼에도 무슨 일인가를 할 것입니다. 경제적 자유를 누리게 되어도 일을 하는 것처럼 말이죠. 네이버 창업자 한 사람이 한의사 시험을 봤습니다. 돈을 그렇게 번 다음에. 해 보고 싶은 것이죠. 제 선배 중에도 게임 회사에서 크게 돈을 벌고도 혼자 직접 개발을 하고 있습니다. 지금은 그런 시대입니다.

마지막은 자신의 분야는 물론 다른 분야도 알아야 합니다. 저는 2010년에 회사를 창업하고 이듬해 스탠퍼드대 사회혁신센터를 방문했습니다. 거기에서 혁신가들을 키우는 과정을 보면서 교육과정의 핵심이 무엇인지를 물었습니다. 그러자 담당자는 이중언어 인재bilingual talent를 만드는 것이라고 했습니다. bilingual은 한국인인데 영어를 꽤 잘하는 것을 말합니다. 영어를 하는 사람들과 의사소통이 가능할 정도로 말이에요. 이것을 저에 비유하면, 저의 본질은 비즈니스니까 비즈니스를 잘 알아야 하는 것은 물론 다른 사회 문제에 대해서도 그 분야 사람들과 대화를 나눌 수 있을 정도로 알아야 한다는 뜻입니다. 다시 말해 우리는 우리와 상반된 영역에 대해서도 대화를 나눌 수 있을 정도의 식견과 이해도를 갖고 살아야 한다는 것입니다. 이 같은 커뮤니케이션을 할 수 있는 사람이 혁신가입니다. 혁신은 인접이 아닌 서로 다른 영역에서의 융합으로 일어나기 때문입니다.

전략이 비영리에 쓸모가 있습니다. 투자가 복지에 의미가 있어요. 이 융합에서 혁신이 나옵니다. 그것을 만드는 커뮤니케이션 능력, 사람을 대하는 방법, 다른 사람과 협업할 수 있는 구조를 만들 수 있는 인간을 대하는 능력이 AI가 절대로 대체하지 못하는 가장 중요한 영역 중 하나이고 거기에서 자기가 정의되어야 직업이라는 게 만들어집니다.

제가 매우 좋아하는 이미지가 있습니다. 디스켓이 처음 만들어졌을 때인 1950년대 사진인데요, 5메가바이트짜리 디스켓 사진입니다. IBM에서 비즈니스용 PC를 처음 개발한 사람에게 "몇 대 팔릴 것 같으세요?"라고 묻자 그는 "5대"라고 대답합니다. 이것은 무엇을 의미할까요? 안 팔릴 것 같다는 말입니다. 어떤 변화든 시작은 미약합니다. 누구도 이것이 진짜 비즈니스에 쓰일 거라고 생각하지 않았습니다.

그런데 지금은 IT를 빼놓고 비즈니스를 이야기할 수 없고, 대부분의 선진국에서 IT를 쓰지 않는 사람을 찾아보기 어렵습니다. 이번에 베트남에 갔는데 너무 편해진 거예요. 스마트폰 로밍이 자동으로 되고, 내비게이션으로 원하는 목적지를 찾아갈 수 있으며, 파파고가 통역을 해 줍니다. 그 이전 세상으로 돌아갈 수 없습니다. 그런데 불과 10년 전만 해도 사람들은 이런 세상이 올 거라고 믿지 않았습니다다. 2007년에 스마트폰이 처음 나왔습니다. 그로부터 겨우 15년이 지났는데, 스마트폰으로 인해 세상이, 삶이 얼마나 달라졌습니까!

지금 사회적 가치가 과거의 스마트폰과 같은 영역으로 들어오고 있습니다. 그리고 AI를 비롯한 여러 변화가 세상을 흔들어 놓고 있습니다. 사회 문제의 중요성이 전 세계 판도를 바꿔 놓고 있습니다. 이런 시대의 변화를 읽을 수 있어야 합니다. 앞으로 미래는 어떻게 될까를 생각해 봐야 합니다. 그리고 거기에 나의 위치, 나의 역할, 내가 기여할 수 있는 부분이 무엇인지에 대해 정해야 직업을 결정할 수 있습니다. 서류 작성 잘하고, 면접 잘 본다고 해서 좋은 직업을 갖는 게 아닙니다. 그것은 미래에 적합한 방식이 아닙니다. 이런 방향성 위에서 '나는 왜, 무엇을, 어떻게 해야 할까'를 고민하는 시간을 많이 가졌으면 좋겠습니다.

사회자

▸ 오늘 강연 제목을 뽑는다면 '나다운 직업, 당신다운 직업'이라고 할 수 있을 것 같습니다. 결국 직업이라는 것은 자기다움에서, 그것이 다른 사람의 필요와 만나는 어떤 지점에서 발견되고 만들어지는 것이기 때문입니다. 이런 차원에서 나의 관심에서 시작해 사회적 필요를 감지하면서 내가 가진 도구를 활용해 그 필요에 기여하는 것이 직업이고, 그럴 때 생계와 돈이 뒤따라오는 것이지, 돈과 생계가 우선순위가 되는 방식은 바뀔 것 같다는 생각이 듭니다. 이와 관련해서 학부모나 교사에게 도움이 될 만한 말을 해 주시면 감사하겠습니다.

도현명

▸ 저에게는 10세 아이가 있습니다. 저는 아이가 주장을 할 때, 그 주장을 못하게 막는 것이 아니라 근거를 가지고 말하라고 합니다. 그리고 아이에게 직업의 가치를 가르치려고 노력합니다. 나중에 자라서 스스로 결정할 수 있게 말입니다.

지식을 배우는 것과 관련해 한번 생각해 보세요. 옛날에는 천재가 20대에 나타나기 시작해 30대에 대부분 나왔습니다. 지식의 양이 적어서 천재가 되는 것이 쉬웠습니다. 그러나 지금은 지식의 양이 방대해서 한 영역을 다 배우는 것은 불가능합니다. 게다가 인터넷으로 검색하면 무한한 양의 지식을 얻을 수 있습니다.

그러니까 지금은 지식을 얼마나 외우느냐보다는 그 지식을 어떻게 나의 관점으로 해석해 내느냐가 중요해졌다는 말입니다. 저는 아이가 그런 관점을 가질 수 있도록 유도합니다. 왜 그렇게 생각하는지 설명하라고 하고 근거가 무엇인지 물어봅니다. 저는 이것이 가장 중요한 일이라고 생각합니다. 그게 나중에 무엇을 하고 살까를 결정하는 데도 큰 영향을 미치기 때문이죠.

제 경우를 말씀드리면, 창업은 하고 싶은데 무엇을 할까에 대한 고민이 많았습니다. 게임 회사를 창업하면 돈은 많이 벌 것 같은데 돈을 버는 것에만 매몰될 것 같았습니다. 세상을 바꾸는 일에도 관심이 많았습니다. 그때 읽은 책이 『세상을 바꾸는 대안기업가 80인』이었습니다. 저는 이 책에서 답을 찾았습니다. 물론 이 책이 모든 사람들에게 답을 주지는 않을 것입니다. 제게 이런 질문이 있었기 때문에 이 책이 저에게 답을 주었던 것이죠. 질문을 가진 사람이 기회를 잡는다고 생각합니다.

사회자

▸ 질문하는 힘 때문에 창업을 하게 된 셈이군요. 그렇다면 그런 과정이 어릴 때 부모님에게서 받은 교육과도 관련이 있나요?

도현명

▸ 당연히 관련이 있습니다. 저는 학교에서도, 교회에서도 질문이 많은 사람이었습니다. 이런 저를 좋아하지 않는 사람들도 많았습니다. 그런데 집에서는 그걸 허용받았던 것 같습니다. 부모님은 제가 아무리 이상한 질문을 해도 답을 해 주셨습니다. 그 답이 다 맞다고는 생각하지 않았습니다. 그러나 제가 질문하는 것에 대해서 제약을 받은 적은 없습니다. 회사 직원들도 질문해야 합니다. 질문이 많이 나오도록 장려하는 회사가 되어야 합니다.

사회자

▸ 학교 교육에서는 질문 수업이 좀 어렵더라도 가정에서라도 질문하는 것을 장려하는 분위기라면 아이는 사회에서 질문하는 것을 장려하지 않는 공간에서도 질문하는 근력 같은 것이 키워질 것이라고 보는 것이죠?

도현명

▸ 그렇습니다. 지금은 예전보다 질문할 곳이 많아졌습니다. SNS도 있고요. 답변의 질과는 상관없이 질문할 수 있는 곳 자체가 많아진 것이죠. 그리고 가정에서 중심만 잘 잡아 주어도 지금보다는 훨씬 나아질 것입니다.

사회자

▸ 미래에 대한 정보를 가진 그룹이 소수이므로 부모가 아이에게 어떤 선택을 하게 하고 기회를 준다고 할 때, 아이가 지금 가지고 있는 문제의식이나 관심사, 또 아이가 자기 속에서 발현된 무엇인가를 펼치고자 할 때 말리지 않고 조금 열어 주는 것부터 시작해야 할 것 같습니다. 그것이 확장되어 미래와 만나게 될 것이고요. 그러니까 아이가 20년 후 미래를 지금 만나는 것이 아니고 현재의 문제를 풀어 가다 보면 미래에 다다르게 된다는 것이죠.

도현명

▸ 네, 맞습니다. 이것은 부모나 아이가 점쟁이가 되어야 한다는 이야기가 아닙니다. 그건 불가능합니다. 저희가 말씀드린 미래는 아주 큰 지향성을 의미합니다. 지금 전 세계는 환경과 사회에 대한 문제를 중요하게 생각합니다. 지금 당장 그게 무슨 직업인지 모르겠는데

미래에는 그런 역할을 하는 사람들이 필요하다는 것에 대한 아주 큰 방향성에 대한 지향점을 말씀드린 것입니다. 구체적으로 무슨 산업이 뜨는지를 저희가 알면 투자를 하겠죠. 그 방향성이 지금은 미약할지라도 전 세계적 지향점이 분명하다면 그것은 대세라는 의미입니다. 그리고 그것을 위해서는 미래를 예측하고 예언하는 게 아니라 현재 할 수 일들을 열어 두고 많이 경험해야 한다는 것입니다.

자기가 좋아하는 걸 찾기 위해서라도 많은 경험이 필요합니다. 딱 세 가지만 해 보고 그 안에서 고르는 것은 상대적 선택입니다. 그렇게 하지 않고 자기가 관심 있는 것을 다양하게 하다 보면 그 안에서 자기에게 맞는 운명적인 무엇인가를 찾을 수 있습니다. 그것을 최종 선택하기 전에 질문을 하게 될 것이고요. 여러 가지를 봐야 그 안에서 내가 보입니다. 우리는 타인을 통해서 내 자신을 보고, 타인을 보면서 스스로를 정의할 수 있습니다.

마찬가지입니다. 실질적인 사건과 상황과 여러 가지 활동을 경험해 봐야 그것들에 비추어서 내가 해야 할 역할, 할 수 있는 일, 기여하고자 하는 목적성을 좀 더 명료하게 할 수 있습니다. 그런데 그것을 할 수 있는 기회는 누군가 열어 주어야 합니다. 처음부터 알아서 여는 사람은 극소수입니다. 따라서 부모는 자녀에게 해 보라고 권하든지 아니면 하는 것을 말리지 말든지 둘 중에 하나는 확실하게 해 주어야 합니다.

제 친구들의 경우에는 부모님이 못하게 하는 것이 꽤 있었습니다. 반면에 저의 부모님은 제가 뭘 한다고 하면 '쟤 또 이상한 짓을 하네.' 그렇게 속으로 생각하며 혀를 차실지언정 말리지는 않았습니다. 그런 분위기가 제가 이상한 짓을 많이 하고 그중에서 제가 가야 할 것들을 비교해서 반추하는 방식으로 도출하는 데 많은 도움이 되었던 것 같습니다. 부모는 자녀에게 그런 기회를 꼭 주어야 합니다.

사회자

▸ 여기에 덧붙여서 질문을 드리겠습니다. 스타트업을 하거나 창업을 한다고 할 때 많은 사람들이 이런 표현을 쓰더라고요. '그 비즈니스 세계에서 나의 아이템이 사용될 만한 기회를 포착하는 것이 중요하다.' 그래서 그 비즈니스 세계에서 기회를 포착해서 그에 맞는 뭔가를 만들고자 하는 것 말이죠. 그런데 일견 맞는 것 같으면서도 그 기회 포착이 나다운 직업이라고 하는 것과 무관할 수도 있잖아요. 그러니까 기회가 생기면 좀 더 들어가서 자기와 다른 사람의 필요가 만나서 거기서 어떤 시도를 하는 것으로 이어지지 않을까요? 앞에서 임팩트스퀘어에서 투자했거나 투자하고 있는 많은 사례를 말씀하셨는데요. 그 투자를 받은 회사에서 기회를 포착하려는 비즈니스적 관점이 아니라 타인의 필요나 고통에 대한 공감으로 시작했는데 그게 결과적으로 비즈니스 기회로 연결된 것이지 기회를 포착

하기 위해 접근한 것은 아니지 않을까요? 이 둘의 차이가 있을 것 같은데요.

도현명

▸ 일단 기회 포착 자체는 맞습니다. 이것은 두 가지로 나뉩니다. 하나는 좋은 창업을 하는 회사는 기회를 포착합니다. 그런데 기회를 포착한다는 것은 시장에 비어 있는 기회를 본다기보다는 문제의식을 갖는 것을 의미합니다. 예를 들어 시각장애인이 3억 명이 있는데 점자를 배우지 못하고 있습니다. 그 문제를 본 사람이 창업하게 되는 것입니다.

이것은 일반 비즈니스에서도 마찬가지입니다. '커피값이 너무 비싸. 훨씬 싼 커피가 있어야 더 많은 사람이 먹을 수 있을 텐데'라는 문제를 보는 것입니다. 일종의 문제의식이죠. 방금 '공감'이라는 표현을 쓰셨는데요. 사회적 문제는 공감이 일어나는 장면입니다. 일반 비즈니스는 문제의식이 느껴지는 것입니다. 때로는 이것이 고귀하거나 고고하지 않을 수도 있습니다. 예를 들어 마크 저커버그가 페이스북을 창업한 것은 SNS라는 IT의 기회를 기다렸다가 포착한 것이 아닙니다.

그는 학교 졸업 앨범에 들어갈 사진을 찍었는데 자기가 좋아하는 여자의 사진을 보고 싶었습니다. 그래서 학교에 사진을 보여 달라고 했는데 보여 주지 않았습니다. 당시는 졸업생 앨범을 공개하지 않았거든요. 그래서 그는 학교 서버를 해킹했습니다. 너무 보고 싶어서. 그 해킹한 폴더의 이름이 페이스북입니다. 졸업 앨범이라는 뜻이죠. 그러자 MIT 학생들도 우리도 보고 싶어, 다른 학교에서도 우리도 보고 싶어 해서 5개 학교를 해킹해서 묶어 냈는데 그것이 페이스북의 시작점이 된 것입니다. 이것이 바로 문제의식입니다. '나는 보고 싶은데 왜 못 보게 해.' 그런 문제의식이죠. '사진은 이미 찍었고 어차피 책으로 낼 거면서 왜 못 보게 해. 온라인에서 그냥 검색하게 해 주면 되는데'라는 것을 구현한 것이 페이스북이에요.

다시 말해 사회적 기업들은 사회 문제에 대한 공감을 강조하는데, 모든 비즈니스가 그렇게 고고하진 않습니다. 인간 본연의 욕망인 좋아하는 여자의 얼굴을 보겠다는 일념, 그 문제의식이 페이스북이라는 거대한 기업이 탄생한 배경이 된 것처럼요. 창업은 분석과 학습이라는 관점보다는 문제의식에 대한 공감이 매우 크다고 생각합니다.

사회자

▸ 창업이 앞으로 경제에서 차지하는 비중이랄까요. 이것을 단정적으로 말씀하실 수는 없겠지만 좀 더 가시적으로 이야기해 주실 수 있을까요?

도현명

▸ 나라마다 정책 기조가 많이 다릅니다. 특히 대기업에 대한 정책이나 복지에 대한 정책 등은 차이가 매우 큽니다. 그런데 공통적인 기조가 두 가지 있습니다. 주로 선진국의 경우에 해당하는데요. 첫 번째는 환경과 관련된 제재 또는 규제입니다. 두 번째는 창업에 대한 기조입니다. 전 세계 어느 나라에서나 창업은 미래입니다. 왜냐하면 계속해서 뭔가를 만들어 내는 가치 창출의 씨앗이 창업에 있다고 믿거든요.

저희가 이번에 베트남에 가서 국가혁신센터NIC 관계자를 만나고 왔습니다. 일종의 투자청입니다. 어마어마한 크기의 빌딩에서 투자를 육성하고 있어요. 그런데 이 부분은 개도국과 선진국도 마찬가지입니다. 창업 시장은 점점 더 커질 것입니다. 우리나라도 거의 매년 40~50퍼센트가량 창업 생태계와 정부 지원이 커지고 있습니다. 환경 이슈도 전 세계의 공통적 주제입니다.

이런 기조를 봤을 때 저희가 말씀드린 창업은 소셜벤처만이 아니라 전체 창업으로 넓혀 본다면 직업의 세계에서는 눈여겨볼 만한 변화 양상이라고 말씀드릴 수 있습니다.

사회자

▸ 그러니까 창업이 결국 대세이고 미래라고 한다면 창업에 필요한

소양, 질문하는 힘, 다른 사람과 협업할 수 있는 힘, 그리고 문제의식이나 공감 능력에 대한 소양을 가정과 학교가 길러 내야 하고, 그것이 가능한 제도를 만들어 내는 것이 중요하다는 것으로 정리할 수 있겠습니다.

4

메타버스 시대와 인재 4.0

신태균 | KAIST 겸직교수·전 삼성인력개발원 부원장

지금은 거미, 즉 호모 커넥투스의 시대입니다.
모든 것을 연결하는 인간이 바로 인재 4.0입니다.
거미는 정교하게 거미줄을 치고 때를 기다립니다.
그리고 마침내 거미줄에 매미나 나비가 걸리면 놓치지 않습니다.
거미는 늘 자신의 네트워크 전체를 보고 있기 때문입니다.

저는 '메타버스 시대와 인재 4.0'에 대해서 말씀드리겠습니다. 요즘 '메타버스'라는 말을 많이 씁니다. 그런데 이것이 정확히 무슨 의미인지 알고 계신가요? 메타버스라는 말도 알아듣기 어려운데 '시대'라는 단어를 붙여 '메타버스 시대'라고도 합니다. 앞으로 자세히 설명하겠지만, 쉽게 말해 앞으로 다가올 시대를 정의하는 하나의 용어라고 생각하면 됩니다.

그럼 '인재 4.0'은 무엇일까요? 인재 3.0, 2.0, 1.0도 있을까요? 지금은 네 번째 파도가 오는 중이라고 하는데, 이것은 인재 4.0과 어떤 관계가 있을까요? 이 두 가지 주제를 중심으로 변화의 시대에는 어떤 인재가 필요하고, 그런 인재가 되기 위해서는 어떻게 해야 하는지 살펴보겠습니다.

인류 문명의 네 번째 코너링

지금 세상이라는 배는 또다시 뒤집히고 있습니다. 그냥 '변화가 심해지고 있다' '변혁기다'라는 정도의 말로는 적절하지 않습니다. 우리에게 완전히 다른 세상이 다가오고 있기 때문입니다. 이를 인류 문명이 네 번째 코너링을 돌고 있는 것으로 비유할 수 있습니다.

올해 2월 중국 베이징에서 동계올림픽이 열렸습니다. 우리나라도 출전을 했는데, 특히 초반에 효자 종목인 쇼트트랙에서 큰 고전을 했습니다. 실격을 당하고 우리 선수들끼리 부딪쳐 넘어지면서 메달을 여러 개 놓쳤죠. 사실 우리나라뿐 아니라 다른 나라 선수들도 치열한 경기를 펼치는 과정에서 예상치 못한 사태가 발생해 울상을 짓기도 했습니다.

쇼트트랙에는 코너링이란 기술이 있습니다. 쇼트트랙 경기는 어디에서 승부가 날까요? 바로 코너링에서입니다. 코너를 도는 기술로 승부가 난다는 것이죠. 순위가 바뀌거나 넘어지거나 반칙으로 실격이 되는 등의 실수가 다 코너링에서 나옵니다. 그래서 코너링은 위험합니다. 직선 구간을 달릴 때는 덜 위험해요. 자신이 속도를 조절할 수 있으니까요. 그러나 코너링을 하는 순간 누군가 끼어들거나 잘못하여 미끄러집니다. 순식간에 많은 선수들의 순위가 바뀌고, 잘나가던 선수가 아웃되는 일이 벌어집니다. 한마디로 직선 구간에서는 스피드, 곡선 구간에서는 애자일(민첩성)을 잘 운용해야 경기에서 좋은 성적을 거둘 수 있습니다.

그런데 인류 문명이 지금 이 위험천만한 네 번째 코너링을 시작하고 있다고 생각해 보세요. 누구는 안전하고 누구는 위험한 것이 아니라 80억 인류 전체가 공통적 위기에 처해 있는 것입니다. 왜? 지구 전체, 즉 국가, 기업, 가정과 개인의 운명이 순식간에 뒤바뀌기 때문이죠. 그것을 가리켜 4.0 시대가 오고 있다고 말합니다. 우리는 지난 수십 년에 걸쳐 세 번째 파도를 가까스로 넘었습니다. 이 파도는 바로 앨빈 토플러Alvin Toffler가 말한 제3의 물결로, 정보지식 사회를 가리킵니다.

지금 서서히 다가오는 네 번째 파도의 형체는 아직 명확하지 않습니다. 그래서 사람마다 다르게 이야기합니다. 우리는 이것을 4.0 사회라고 명명해 봅시다. 요즘 같은 대변혁의 시기에는 누군가가 나서서 상황을 정리해야 하는데, 그 일을 해야 하는 사람이 바로 조직의 리더들입니다. 그들은 일반인과 다른 4개의 눈을 갖고 있어야 합니다.

첫 번째 눈은 시력입니다. 지금 대변혁의 징후들이 계속해서 포착되고 있는데 우리 눈에는 잘 보이지 않습니다. 이것을 보려면 남보다 자세히 볼 수 있는 눈, 미묘한 변화를 감지할 수 있는 안목, 다시 말해 시력이 아주 좋아야 합니다. 다음으로, 거대한 파도를 보려면 넓고 멀리 봐야 합니다. 그것을 시야라고 합니다. 높은 데 올라가서 보면 더 넓게 더 멀리까지 볼 수 있습니다. 그런데 시력이 좋은 사람은 시야가 좋지 않고, 시야가 좋은 사람은 디테일에 약하기 마련입니다. 물론 소수이긴 하지만 두 눈이 다 좋은 사람들도 있습니다.

그런데 그것들 외에 필요한 세 번째 눈이 있어요. 바로 시각입니다. 시각은 세상에 존재하는 사건이나 사물, 현상, 파도 등을 일반 사람들과는 다른 각도에서 보고 제대로 해석할 수 있는 능력을 말합니다. 카메라 앵글을 생각하면 쉽게 이해할 수 있습니다. 각도를 다르게 잡으면 같은 사물도 다르게 보입니다. 스티브 잡스Steve Jobs는 이를 다르게 보고 '다르게 생각하라Think Different'라고 주문했습니다. 일반 사람들이 보는 것과 전혀 다른 각도로 봐야 비로소 다른 것, 즉 안 보이던 것이 보인다는 것입니다. 예컨대 보통 사람들이 다 앞모습을 볼 때 뒤통수를 보면 그 사람의 전체 모습에 대해 더 명확하게 알 수 있습니다.

마지막으로는 시선입니다. 앞의 3개는 무엇이 변하는지를 파악하기 위한 눈입니다. 반면, 시선은 변하는 것들 가운데 변하지 않는 것을 보는 눈입니다. 제3의 물결이든 제4의 물결이든 제5의 물결이든 관계없이 변하지 않는 것, 다르게 표현하면 사물이나 사건의 본질, 에센스, 코어라고 할 수 있습니다. 학문적으로 말하면 진리라고 할 수 있습니다. 아무리 세상이 변해도 이것만은 절대 변하지 않으리라고 믿는 것들이 있습니다.

시력, 시야, 시각, 시선, 이 4개의 눈으로 동시에 미래를 투시해야 보통 사람들이 해석 못하는 것을 읽어 낼 수 있습니다. 그렇다고 이들이 하는 말을 무턱대고 따라갈 필요는 없습니다. 우리 또한 자기 자신만의 눈을 가지고 세상을 보고 스스로 판단하고 결정을 내려야 합니다. 하지만 이것은 오랫동안 훈련해야 합니다. 그래야 미래에 대응할 수 있고, 파도에서 살아남을 확률도 높습니다.

현재 전 세계의 여러 사람들이 미래에 대해 말하면서 '어떤 사회가 온다'라고 열심히 주장하고 있는데, 그중 가장 완성도가 높은 설명은 초연결 사회hyper-connected society가 온다는 것입니다. 초연결 사회는 대체 어떤 사회일까요? 초연결 사회는 한마디로 '연결되지 않으면 고립되고, 고립되면 소멸된다'라는 메시지가 핵심이라고 생각합니다.

2021년에 〈오징어 게임〉이 전 세계를 강타했습니다. 방영한 지 한 달 만에 전 세계 1억 1100만 가구가 시청했으니까요. 93개국에서 1위를 기록했고 그 결과 우리나라 배우들이 상도 많이 받았습니다. 어떻게 이런 일이 일어났을까요? 바로 넷플릭스가 전 세계 안방을 하나로 연결했기 때문입니다. 이젠 전 세계 영상물이 실시간으로 오픈되어 시청률이 집계됩니다. 이전 할리우드 시대에는 상상하기 어려운 세상이 된 것입니다. 이 또한 초연결 사회의 한 예입니다.

하지만 이것은 결코 단순한 개념이 아닙니다. 앞으로는 더 많은 것이 하나로 연결될 것입니다. 따라서 연결되어 있지 않으면 세상에서 가치 있는 존재로서 존립할 수 없는 사회로 빠르게 나아가고 있습니다. 그렇다면 우리는 무엇을 해야 할까요? 4차 산업혁명이란 말을 들어 보셨죠? 4차 산업혁명의 분야는 현재도 다양하게 확장해 나가고 있습니다. 웨어러블, AR/VR, AI, 빅데이터, 사물 인터넷, 클라우드 컴퓨팅, 무인 자동차, 5G, 우주항공, 바이오, 나노, 뇌, 무인 공장, 블록체인, 비트코인, NFT(대체 불가능 토큰) 등으로 빠르게 발전하고 있습니다. 오늘은 그중에서 특히 메타버스를 중심으로 미래를 살펴보고자 합니다.

새롭게 펼쳐지는 메타버스 사회

메타버스 시대의 도래를 이해하기 위해 잠시 시간 여행을 떠나 보겠습니다. 지금으로부터 약 2500년 전 그리스에서는 세상에 대한 생각이 깊어지기 시작했습니다. 이를 그리스 철학이라고 합니다. 처음에는 자연에 대해 생각하다가 다음으로 인간 자신에 대해 관심을 가지고 사유하기 시작했습니다. 그중 가장 유명한 사람이 소크라테스입니다만 일찍 죽었고 제자인 플라톤과 아리스토텔레스가 뒤를 이어 고대 서양 철학 사상을 완성했습니다. 플라톤은 이데아, 즉 이상을 강조했고, 제자인 아리스토텔레스는 현실을 중시했습니다.

그 후 인간 사회는 이상과 현실이라는 두 개념을 바탕으로 물질

및 정신 문명을 만들어 왔습니다. 그런데 지금으로부터 100여 년 전에 또 한 인물이 나왔습니다. 바로 프로이트입니다. 그는 인간을 지배하는 본질적 엔진이 이상도, 현실도 아니고 꿈이라고 하는 무의식의 정신 세계라고 주장하면서 이른바 정신분석학이라는 새로운 학문의 세계를 열었습니다. 이 새로운 세계에 매료된 사람들이 많았는데 특히 미술가들이 그때까지 보이는 세계만을 그리다가 드디어 꿈이라는 보이지 않는 세계를 그리기 시작했습니다. 대표적으로 살바도르 달리, 마르크 샤갈, 르네 마그리트, 호안 미로 같은 화가들인데 우리는 이들을 초현실파surrealism라고 부릅니다.

이후 세월이 흘러 과학 혁명이 디지털을 지나 스마트로 가속화되면서 드디어 보이지 않는 상상의 세계, 꿈의 세계를 사이버 공간에서 기술적으로 멋지게 구현할 수 있는 첨단 기술이 개발되었습니다. 이것이 바로 메타버스 세계입니다.

지금까지 간략히 메타버스의 탄생 배경을 제 경험과 지식, 그리고 그간의 연구를 바탕으로 설명했습니다. 제 설명이 그럴듯한가요?

메타버스가 만드는 7개의 공간

메타버스 사회란 현실과 가상이 연결되어 양분되고 이 두 생활이 분절되어 파편화되는 사회 구조를 말합니다. 말이 좀 어렵죠. 다시 쉽게 설명할게요. 메타버스Metaverse는 가상과 초월을 의미하는 '메타meta'와 세계 또는 우주를 뜻하는 '유니버스universe'의 합성어입니다. 공간적인 의미의 우주가 아닌 개념적인 우주와 같은 게 온다는 것입니다. 바로 가상현실이라는 세계입니다. 우주는 물리적 공간입니다. 그런데 스마트폰 안에 지금의 우주만큼 큰 우주가 존재한다면 어떨까요? 또는 그런 우주를 여러 개 만들 수도 있다면요?

우리는 코로나19로 인해 3년 가까운 시간을 정신없이 살았습니다. 그사이 세상은 실리콘밸리를 중심으로 메타버스를 활용한 새로운 공간들을 마구 만들어 내고 있습니다. 제가 정리한 바로는 메타버스는 크게 7개의 공간으로 구성되어 있습니다.

첫 번째는 사업 공간입니다. 실제로 메타버스 내에서 상거래가 활발하게 이루어지고 있습니다. 코로나19 때 흥했던 배달의민족 플랫폼도 여기에 포함됩니다. 이것은 초기적인 메타버스 개념입니다.

두 번째는 게임 공간입니다. 3차원 공간에서 게임을 하는 것이죠. 자기가 직접 게임을 만들 수도 있고, 자신이 만든 다양한 아이템을 팔 수도 있습니다. 이 공간에서는 신제품 론칭이나 신작 영화 홍보, 새로운 앨범 발표도 가능합니다. 얼마 전 이곳에서 공연을 해서 전 세계에서 약 2000만 명이 동시에 접속해서 재미를 봤다, 그래서 몇백 억을 벌었다는 이야기를 들어 보셨을 거예요.

세 번째는 학습 공간입니다. 항공기 충돌 실험을 할 때 실제 항공기를 충돌시키면 비용이 엄청나게 듭니다. 그래서 조종사들은 시뮬

레이션을 합니다. 3차원 가상공간에 실제와 똑같이 만들어 놓고 훈련하면 당연히 비용이 훨씬 쌀 것입니다.

네 번째는 투자 공간입니다. 가상공간에서 부동산을 사고팝니다. 실제로 존재하는 공간과 같은 곳입니다. 그래서 앞으로 상대가 어디의 땅을 산다고 하면 "가상공간이요? 아니면 물리적 공간이요?" 이렇게 물어봐야 할 것입니다. 강남 압구정동은 이렇게 해서 다 팔렸습니다. 외국인들이 투자해요. 실제 공간에서 노른자 땅이라면 가상공간에서도 같은 위치를 차지합니다.

다섯 번째는 사무 공간입니다. 가상 오피스를 만들어 출퇴근도 가능합니다. 회의도 하고요. 그런데 이 물리적 공간이 실제 공간과 똑같이 3D로 구현되어 있으니까 실제로 출근해서 회의하는 느낌이 듭니다.

여섯 번째는 사회 공간입니다. 이곳에서 친구도 사귀고 사교도 하고 자유롭게 대화도 나눕니다. 실제로 옆에 있는 듯합니다.

일곱 번째는 생활 공간입니다. 가족들은 각자 자신의 아바타를 만들어서 그 아바타가 메타버스 안에서 이야기를 나눕니다. 실제 분위기와 느낌이 다르니 훨씬 감성적이고 소통도 잘될지도 모릅니다.

이제 우리는 영화를 볼 때 컴퓨터 그래픽인지 실사인지 구분이 쉽지 않습니다. 아무리 눈을 크게 뜨고 봐도 어디까지가 컴퓨터 그래픽이고 어디까지가 실사인지 구분하기 어렵습니다. 결국 현실과 가상이 중첩됩니다. 이것이 바로 메타버스 개념입니다. 마크 저커버그가 얼마 전 회사 이름을 '페이스북'에서 '메타'로 바꾸었습니다. 아직 마흔도 안 되었으니 젊은 패기로 일찌감치 메타버스 세계를 선점하겠다는 선전포고인 것이죠. 그렇게 세상은 흘러갑니다.

미래 사회에 필요한 인재

거대한 파도가 덮칠 때마다 세상에서는 인재 전쟁이 일어납니다. 인재 전쟁이란 말이 처음 나온 것은 1997년입니다만 그로부터 25년여가 흐른 지금은 2차 인재 전쟁 시기라고 보아야 할 것 같습니다.

최근 미중 패권 전쟁이 가속화되고 있다는 것을 잘 아실 것입니다. 관세 무역 전쟁을 시작하더니 이제는 기술 패권 전쟁으로 치닫고 있습니다. 기술 전쟁의 본질은 인재 전쟁입니다. 왜냐하면 미래 첨단 기술이 결국은 핵심 인재들에 의해 개발되기 때문입니다. 미국과 중국도 이 사실을 잘 알고 있기에 미래 인재 확보에 혈안이 되어 있습니다. 이처럼 미래에는 경제 전쟁, 기술 전쟁, 인재 전쟁이 하나로 묶여 돌아가게 될 것입니다. 따라서 미래 사회에는 과연 어떤 인재가 필요할까에 대한 답이 인재 4.0이라고 할 수 있습니다.

과거부터 지금까지 인재상의 변화는 동물에 비유할 수 있습니다. 아주 오랫동안 개미의 시대였습니다. 이 시기는 인재 1.0, 인재 2.0

으로 지칭할 수 있습니다. 개미처럼 아침에 일찍 일어나서 밤늦게까지 무조건 열심히, 죽기 살기로 일합니다. 잠시 매미의 시대가 있었습니다. 일도 잘하지만 놀기도 잘하는 인재를 좋아했습니다. 지금은 거미, 즉 호모 커넥투스Homo Connectus의 시대입니다. 모든 것을 연결하는 인간이 바로 인재 4.0이죠.

거미의 특징은 얼핏 보면 게으른 것 같지만 나름 치밀한 전략을 세운다는 것입니다. 거미줄을 정교하게 치고 때를 기다립니다. 그리고 마침내 거미줄에 매미나 나비가 걸리면 놓치지 않습니다. 거미는 늘 자신의 네트워크 전체를 보고 있기 때문입니다. 이제 거미형 인재가 필요한 시대입니다.

다음은 제가 30~40년 동안 기업에서 일하면서 경험한 인재상의 변화에 대해서 말씀드리겠습니다. 제가 처음 입사했던 시절에는 성실성을 중시했습니다. 그래서 착실하고 책임감 있고 정직한 사람을 선호했습니다. 이것이 인재 1.0입니다. 다시 말해 인재 1.0은 기능형 인재, 성실형 인재를 말합니다. 작년보다는 올해가, 올해보다는 내년이 더 성장하는 사람입니다. 이때는 경험이 중요합니다. 선배도 중요하고요. 사회 변화가 느리니까 오래 다닐수록 경쟁력이 있습니다. 제가 차장쯤 되었을 때는 글로벌을 강조했습니다. 21세기를 앞두고 있었거든요. 그래서 창의적이고 글로벌 마인드를 갖추고 있으며 정보에 대한 학습력이 뛰어난 사람을 중시했습니다. 인재 2.0 시대입니다. 게다가 IMF로 인해 산업 구조가 확 바뀌면서 지식형 인재, 혁신형 인재, 전문가형 인재가 더욱 필요하게 되었습니다.

2010년을 전후로 인재 3.0 시대가 옵니다. 애플의 스티브 잡스가 전 산업계의 중심인물로 떠올랐습니다. 그는 우리 인간의 삶은 테크놀로지만이 아니라 인문학이 합쳐져야 한다고 주장했습니다. 그 영향으로 우리나라에서도 갑자기 인문학 열풍이 불었습니다. 기계 중심의 드라이한 디지털 세상의 거대 파도에 대한 인간적 반동인 것이죠. 그래서 인간 특유의 창의성이 계속 강조되었습니다. 그런데 아직 3.0도 제대로 준비하지 못했는데 또다시 네 번째 파도가 온다고 합니다.

이것을 전하는 전문가들의 메시지는 다소 혼재되어 있습니다. 사회 현상이나 다가오는 변화는 4.0을 이야기하면서 솔루션은 3.0을 제시하니까요. 창조적이 되어야 한다거나 융합형 인재가 되어야 한다고 말합니다. 하지만 이것은 3.0 인재가 이미 갖추었어야 하는 조건입니다. 융합은 기본이고 여기에 플러스 알파가 있어야 합니다. 그 알파는 연결형 인재, 플랫폼형 인재입니다. 이 개념이 아직은 생소할 것입니다. 4.0 인재의 조건에 대해 좀 더 자세히 살펴보겠습니다.

4.0 인재에게 필요한 네 가지 조건

4.0 시대의 인재는 과연 어떤 조건을 갖추어야 할까요? 첫 번째

는 인성입니다. '뭐야, 겨우 인성이야?' 이렇게 생각할지 모르지만 4.0 시대, 초연결 사회의 특징이 뭡니까? 인공지능 시대엔 모든 게 기계로 작동됩니다. 이런 사회에서 기초 경쟁력은 기계가 미처 갖지 못한 속성을 확보하는 것입니다. 따라서 여기서 말하는 인성의 핵심은 착한 마음이 아니라 바로 인간다움입니다. 인성은 21세기 지도자의 최고 덕목 중 하나입니다. 한번 인성이 망가지면 복구가 거의 어렵기 때문입니다. 사회적으로 가장 위험한 인물은 무너진 인성과 탁월한 재능을 함께 가진 인물입니다. 미래에 세상이 필요로 하는 훌륭한 인재로 성장하기를 원하는 사람은 지금부터라도 자신의 인성을 꾸준히 가꿔 나가기를 당부합니다.

두 번째는 전문성입니다. 이 부분에 대한 판단이 의외로 까다롭습니다. 3.0 시대까지는 전문가가 되어야 한다는 말이 잘 맞았습니다. 그런데 지금은 반은 맞고 반은 틀립니다. 왜냐하면 AI가 직격탄을 날리는 대상이 전문가 집단이기 때문입니다. 일반 비전문가보다는 오히려 교수, 의사, 약사, 변호사 같은 지금 시대의 전문가들의 직업을 조금씩 빼앗아 갈 것입니다. 그럼 어떻게 해야 할까요?

우선 급한 대로 전문가 중 5퍼센트 이내인 초전문가가 된 후 궁극적으로는 초전문가를 넘어 탈전문가가 되어야 합니다. 탈전문가는 비전문가와 절대 동의어가 아닙니다. 비전문가는 전문가였던 적이 없는 사람이지만, 탈전문가는 한때 해당 분야의 전문가였을 뿐만 아니라 심지어 초전문가로 인정을 받았던 사람입니다.

국민 MC 강호동 씨를 예로 들어 봅시다. 그가 처음 씨름에 입문했을 당시 그는 당연히 비전문가였겠죠. 이후 혹독한 훈련을 거쳐 백두장사가 되었습니다. 전문가가 된 것이죠. 이후 당시 천하장사였던 이만기 선수를 제치고 최연소 천하장사라는 타이틀을 거머쥐었습니다. 비로소 초전문가가 되었습니다. 그런데 돌연 씨름판을 떠나 개그맨이 됩니다. 그 뒤에도 연예인으로서 변신을 거듭하여 지금은 국내 최고 MC 중 한 명으로 활약하고 있습니다. 비전문가, 전문가, 초전문가, 탈전문가의 길을 차례로 걸은 사례입니다.

세 번째는 창의성입니다. 창의성은 제가 보기에는 시대를 초월하여 가장 안정되고 강력한 무기입니다. 만약 자신이 창의적이라면 의외의 리스크만 잘 관리하면 평생 대우받고 살 가능성이 높습니다. 창의성에 대해서는 워낙 많이 회자되고 있어서 잘 알고 있다고 생각할지도 모르겠네요. 보통은 상상력, 영감, 통찰력 등을 잘 발휘하는 사람을 창의성이 있다고 합니다.

스티브 잡스는 1985년 애플에서 쫓겨났다가 12년 뒤 다시 돌아왔습니다. 그런데 돌아와 보니 회사가 다른 회사들과 비슷해져 버린 거예요. 그는 본래의 애플다움을 강조했고, 다른 기업들과는 다른 길을 가야 한다고 주장했습니다. 그리고 '다르게 생각하라'라는 광고를 만들어 애플 정신을 강조했습니다. 이 캠페인을 벌이면서 역사적으로 다르게 생각하고 산 사람들 18명을 뽑았습니다. 아인슈타인, 간디, 마틴 루터 킹, 무하마드 알리, 앨프리드 히치콕, 피카소, 찰리 채플린 등입니다. 저는 이 광고 동영상을 100번 정도 보았는데 지금도 볼 때마다 전율을 느낍니다. 그리고 창의성의 본질이 무엇인지가 가슴속에 훅 들어옵니다.

잡스가 세상을 떠난 이후에도 실리콘밸리에서 이 정신은 계속 이어지고 있는데, 특히 새롭게 나타난 인물이 일론 머스크입니다. 그는 남들이 하는 비즈니스는 하지 않습니다. 대신 우주선, 무인 자동차, 솔라 에너지 같은 것에 집중합니다. 그러다 보니 처음에는 거의 실패하고 남들로부터 조롱도 받습니다. 하지만 제가 보기엔 그는 이미 성공했고 미래에는 더욱 성공할 것입니다. 한 예로 2021년 9월에 일론 머스크는 다시 한번 창의적 도전을 합니다. 자신의 우주항공 프로그램의 일환으로 민간인 4명을 6개월간 우주인으로 훈련시켜 575킬로미터 상공에서 지구를 24시간 만에 15바퀴를 돌며 사흘 동안 머무는 '인스피레이션4'라는 최초의 프로젝트 실험을 했습니다. 물론 성공했죠. 그의 창의력과 상상력이 어디까지일지 궁금합니다.

네 번째는 야성입니다. 야성이라고 하면 근육질을 연상하기 쉬운데 그런 것이 아니라 도전 정신, 탐험 정신, 개척 정신, 기업으로 따지면 앙트러프러너십entrepreneurship, 즉 기업가 정신이라고 할 수 있습니다. 남이 하지 않는 것을 하려면 엄청난 배짱이 필요합니다. 불굴의 투지와 도전 정신, 미래를 개척하려는 정신, 남이 가지 않는 길을 가는 용기, 문제 해결 능력 등이 모두 야성입니다.

그런데 우리 교육은 오히려 야성을 없애는 교육을 하고 있습니다. 범생이는 야성과는 거리가 멉니다. 늘 안전한 곳으로만 가려 하고, 남들에게 묻어서 가려고 하니까요. 부모 입장에서는 자녀가 공무원이 되는 것이 안정되고 평생직장을 얻어서 좋을 것입니다. 최근 우리나라 분위기는 급격하게 이쪽으로 가고 있습니다. 안정된 직장을 얻는다는 점에서는 안전한 선택이라고 할 수 있지만 국가의 미래 인재 경쟁력 차원에서는 매우 후퇴하고 있다고 볼 수 있습니다. 국가적으로 인재가 없으면 그 나라의 미래는 없으니까요.

이렇게 해서 인성, 전문성, 창의성, 야성을 골고루 갖춘다면 미래에 자신이 원하는 어떤 일이든지 할 수 있고 세상에 겁날 게 없을 것입니다.

4.0 인재가 갖추어야 할 다섯 가지 능력

다음은 4.0 인재가 갖추어야 할 다섯 가지 능력에 대해서 차례로 말씀드리겠습니다. 플랫폼 능력, 질문 능력, 개념 설계 능력, 아키텍처 능력, 디테일 능력이 그것입니다.

먼저 플랫폼 능력부터 살펴볼까요? 다음과 같은 질문을 던질 수 있습니다. '당신은 어플형 인재인가, 플랫폼형 인재인가.' 스마트폰을 보면 수많은 어플이 있습니다. 비유하자면 여태까지 우리 교육은 '너는 훌륭한 어플이 되어라, 전 세계 사람들이 가장 많이 사용하는 멋진 어플이 되어라, 경쟁력 있는 어플이 되어라, 그것이 네가 살길이다'라는 교육을 했습니다. 그러나 모든 어플을 움직이는 것은 플랫폼입니다. OS인 것이죠. 따라서 4.0 시대의 세상은 어플이 아니라 플랫폼 싸움이 되는 것입니다. 그래서 애플 생태계니 구글 생태계니 하며 생태계 싸움을 합니다. 생태계 싸움을 한다는 것은 플랫폼 경쟁을 한다는 뜻입니다.

이것을 인재에 비유하면 어플이 되는 것은 잘해야 3.0 인재가 된다는 말입니다. 매우 창조적이어야 가능한 것이죠. 반면에 4.0 시대엔 모든 사람이 창조적일 필요가 없습니다. 그것은 불가능합니다. 대신 창조적인 사람이 누구인지를 알고, 네트워크화해서 그 중심에 자신이 서는 것입니다. 마치 거미처럼 말입니다. 거미가 정교하게 거미줄을 쳐 놓으면 나비도 벌도 잠자리도 날아들게 마련이잖아요.

이것을 우리 인간에게도 적용해 볼 수 있습니다. 모두가 스타가 되고자 할 때 나는 이렇게 생각합니다. '여러분은 훌륭한 스타star가 되세요. 나는 여러분의 스테이지stage가 되겠습니다.' 얼핏 들으면 겸손한 말 같지만 '내가 없으면 너희는 절대 놀지 못한다'라는 의미가 담겨 있습니다. 누가 더 돈을 많이 벌고, 전체 판을 쥐락펴락하겠어요? 이 말은 제가 아니라 빌 게이츠가 한 말입니다. 그의 공언대로 마이크로소프트에서는 윈도를 만들었고, 우리는 그 생태계 안에 갇혀 파워포인트나 엑셀을 쓰며 지금껏 살고 있습니다. 생태계는 한번 들어가면 나오지 못합니다. 이것을 자물쇠lock-in 효과라고 합니다. 플랫폼의 특징입니다. 플랫폼은 게임메이커입니다.

이 세상을 바둑이라고 한다면 여러분은 바둑알이 될 것인가 바둑판이 될 것인가를 질문해야 합니다. 또한 미래에 여러분이 활약할 세상이 경마장이라면 달리는 말이 될 것인가, 말을 모는 기수가 될 것인가, 그것도 아니면 경마장 주인이 될 것인가와 같은 질문을 꾸준히 해야 합니다.

두 번째는 질문 능력입니다. 우리는 '아이를 답변형 인재로 키울 것인가, 질문형 인재로 키울 것인가'라는 질문을 던질 수 있습니다. 이것은 아주 오랫동안 계속되어 온 담론인데도 불구하고 아직도 해결이 나지 않고 있습니다. 부모 입장에서는 자녀가 질문 잘하는 걸 선호한다고 하면서도 실제로는 답변 잘하는 걸 좋아한다는 사실을 은연중에 드러내고 있다고 생각합니다.

사실 질문을 하는 것은 쉽지 않습니다. 답변은 상대방의 말에 적당히 맞춰 주면 되니까 오히려 쉽습니다. 그러나 질문은 허허벌판에서 뭔가를 만들어 내야 합니다. 본질이 창조인 것이죠. 다시 말해 질문은 퍼스트 무버first-mover(변화를 주도하고 개척하는 사람)의 몫이고, 답변은 패스트 팔로fast-follower(제품이나 기술 등의 새로운 변화를 빠르게 따라가는 사람)들이 잘하는 기술과 능력입니다. 우리나라에서는 패스트 팔로형 인재의 시대는 지났습니다. 왜냐고요? 1인당 국민소득 3만 5000달러 시대가 되었거든요. 우리가 더 이상 좇아갈 게 많지 않습니다. 이제부터 우리는 남이 하지 않는 것을 해야 합니다. 그것도 남보다 한발 앞서서 말입니다. 다만 우리는 경험이 적으니까 실패하면서 극복해 나가야 합니다.

그러다 정체되거나 떨어지는 순간도 올 것입니다. 이런 상황을 예방하려면 끊임없이 질문을 해야 합니다. 생각하지 않으면 질문할 수 없습니다. 생각이란 건 무궁무진해야 해요. 답변은 맞는 답변과 틀린 답변이 있을 수 있습니다. 그러나 질문은 좋은 질문과 나쁜 질문이란 게 없습니다. 오히려 질문을 안 하는 게 나쁜 것입니다. 뭔가를 깊이 생각하지 않고는 도저히 질문할 수가 없기 때문입니다.

질문에도 1.0, 2.0, 3.0, 4.0이 있습니다. 질문이라고 해서 다 같은 질문이 아닙니다. '어디 사세요? 점심 뭐 먹었어요? 오늘 날씨가 좋아요, 안 좋아요?' 같은 질문은 1.0입니다. 바로 답이 나올 수 있으니까요. 반면에 강의 시간에 학생에게서 '지금 강의 잘 듣고 있는데, 이런 강의 내용은 교수님의 어떤 세계관을 바탕으로 말씀하시는 겁니까?'라는 질문을 받으면 교수의 머릿속이 잠시 복잡해지고 대답 또한 모호해질 것입니다. 그동안 이런 질문을 받아 본 적이 없기 때문이겠죠. 이렇게 상대에게 자극을 주는 질문이 좋은 질문이라고 할 수 있습니다. 그러므로 질문도 훈련이 필요합니다. 누구도 처음부터 멋진 질문을 할 수는 없습니다.

세 번째는 개념 설계 능력입니다. 저는 여러분에게 '당신은 설계형 리더인가, 시공형 리더인가'라는 질문을 던지고 싶습니다. 전 세계에서 가장 높은 건물은 두바이에 있습니다. 163층짜리 빌딩으로 높이가 828미터나 됩니다. 이 건물은 우리나라 삼성에서 지었습니다. 그런데 건물을 지은 회사만큼 돈을 번 곳이 바로 설계 회사입니다.

두바이측에서 건물을 지을 때 두 가지 조건을 제시했습니다. '전 세계에서 가장 높은 건물일 것, 랜드마크가 되게 멋지게 지어 전 세계 관광객들이 이 건물을 보러 구름처럼 몰려들게 해 줄 것.' 이 조건만 충족하면 어떤 식으로 짓든 상관없다고 했습니다. 삼성은 설계도대로 튼튼하고 멋진 건물을 지었어요. 세계 최고의 시공 능력을 인정받았기 때문입니다. 반면 설계는 글로벌 설계 회사에 맡겼고 그곳 또한 큰돈을 벌었습니다.

여기서 우리에게 주는 메시지는 무엇일까요? 우리는 개념 설계 능력이 부족하다는 사실입니다. 다시 말해 추상적인 개념을 구체화해서 눈에 보이는 걸로 만들어 내는 능력이 부족합니다. 반면에 구체적인 것을 따라 하거나 그것보다 더 튼튼한 것을 만들 수는 있습니다. 그러나 고부가 가치는 설계 능력 같은 보이지 않는 것을 보이게 만드는 디자인 역량 같은 데에서 나옵니다. 다시 정리하면 패스트 팔로는 개념 설계 능력이 부족한 반면 퍼스트 무버는 강합니다. 이것은 창의력과도 깊은 연관성이 있습니다.

네 번째는 아키텍처 능력입니다. 옛날에는 단순한 디자인 능력이 중요했습니다. 평면에 그림을 그리는 일종의 회화적 사고라고 할 수 있습니다. 그러나 지금은 건축 설계에서와 같은 3차원적 사고가 중요합니다. 건축 설계는 기본적으로 3D입니다. 건물이니까 앞과 뒤가 있고 위와 아래가 있습니다. 이것을 우리의 사고에도 대입해 볼 수 있습니다. 대부분의 성인은 2D형 인재입니다. 평면적 사고를 하죠. 뭘 그리라고 하면 일단 평면에 그립니다. 반면에 3D형 인재는 3차원으로 사고합니다. 입체적으로 사고를 하는 것이죠. 화가로서 3D 사고를 한 사람은 캔버스라는 2D 위에서 다초점 기법을 자유자재로 구사한 세잔과 입체파의 거장 피카소를 들 수 있습니다.

반면 2D에 대해 좀 더 살펴보면, 대개 이분법적입니다. 흑과 백으로 나눕니다. 좋은 것과 나쁜 것, 선한 것과 악한 것으로 나누죠. 반면에 3D, 삼분법은 이 세상은 빨강, 파랑, 노랑으로 되어 있고, 사람에 따라서는 같은 색깔이라도 다르게 보인다고 생각합니다. 그런데 여기에서 더 나아가 4D 세상이 되었습니다. 현실의 3차원과 가상공간이라는 4차원을 왔다 갔다 해야 합니다. 일반 사람들에게는 먼 미래의 일 같지만 이미 그 일을 하는 사람들이 있습니다. 메타버스 관련 비즈니스를 하기 위해서는 당연히 메타버스적 사고를 해야 합니다. 현실과 가상을 넘나들며 그곳에서 부가가치 높은 창의적 아웃풋을 만들어 내야 하니까요. 그러니 메타버스는 당연히 4D 사고를 필요로 하겠죠.

마지막은 디테일 능력입니다. 우리는 스스로에게 '나는 저화질 인재인가, 고화질 인재인가'라는 질문을 던져야 합니다. 스마트폰으로 사진 한 장을 찍으면 1억 화소가 넘습니다. 사진을 아무리 확대해도 선명합니다. TV는 해상도가 4K가 기본인데 지금은 8K도 나옵니다. 엄청나죠. 너무나도 선명해서 평면 화면이지만 입체감이 느껴집니다.

사진의 선명도는 이렇게 발전하는데 우리의 사고 수준은 아직도 저화질인 경우가 많습니다. 복잡한 세상을 아주 단순화해서 생각하고 편하게 대충 사는 것입니다. 단순한 게 좋다는 책도 있습니다. 하지만 여기에서의 단순함은 simple이 아니고 simplify입니다. 이 두 가지는 다릅니다. simplify는 복잡한 것을 통제할 수 없기 때문에 단순화시킨 것입니다. 단순화simplification인 것이죠. 반면에 simple은 자신이 하고 싶은 것만 하며 사는 것입니다. 그것은 일종의 퇴행이기에 시간이 지나면 결국 사회로부터 도태될 것입니다. 고화질은 간단하게는 디테일 능력을 말합니다. 조금 고급스럽게 표현하면 엔지니어링 능력이라고도 할 수 있습니다. 문과 출신은 이 부분이 좀 부족한 것 같습니다. 우리는 조금 복잡하면 골치 아프다고 쉽고 단순한 것만을 선호하면서 사회적으로는 성공하기를 바랍니다.

봉준호 감독은 영화를 만들어 아카데미상을 비롯해 세계적인 권위의 상을 많이 받았습니다. 꼭 상을 받아서 대단한 게 아닙니다. 그가 얼마나 치밀하게 영화 작업을 하는지를 보면 절로 대단하다는 생각이 듭니다. 그는 영화 촬영 전에 철저히 스토리보드를 만듭니다. 그러니 촬영 전에 이미 어떻게 찍을지가 머릿속에 다 들어 있는 것이죠. 고화질의 4D 사고를 하는 것입니다.

〈살인의 추억〉을 찍을 때 봉준호 감독은 주인공인 박두만(송강호) 형사가 들고 다니는 형사 수첩에는 농협 마크가 찍혀 있어야 한다고 했다고 합니다. 예스러운 수첩을 구하다가 농협 마크가 찍힌 수첩을 보고 "이거 좋네!" 이런 게 아니라, 시대적 배경을 살리기 위해서는 반드시 그 수첩이어야 했다는 것이죠. 그래서 어렵게 그 수첩을 구했다고 합니다. 봉 감독은 이처럼 사소한 것 하나에도 그 시대의 정서를 살리려고 노력했습니다.

제가 보기에는 우리나라 사람 중에 4.0 인재에 가까운 사람이 봉 감독이 아닐까 싶습니다. 앞에서 말한 아홉 가지 역량을 모두 대입해 봐도 점수가 고루 높습니다. 인성도 좋고, 독특하게 창의적으로 만들며, '봉테일'이라는 별명에서 알 수 있듯 디테일합니다. 시선 면에서도 사회 양극화를 그처럼 색다르게 그려 낼 수 있는 창작자는 많지 않을 것입니다. 전 세계 사람들이 공감할 만한 내용으로요. 그리고 계속 새로운 것에 도전합니다. 영어가 좀 부족해도 기죽지 않습니다. 늘 자신감이 있습니다. 특히 '자막이라는 1인치 장벽을 뛰어넘으면 놀라운 작품을 더 많이 감상할 수 있다'라는 말은 놀랍지 않습니까. 그는 자기 말대로 그 장벽을 뛰어넘은 작품들을 만들었으니까요.

인재 4.0 시대에 교육은 어떻게 해야 할까?

마지막으로 인재 4.0 시대의 교육에 대해서 이야기해 보겠습니다. 이 분류 기준은 기업을 대상으로 한 것이지만 학교 교육에도 적용 가능합니다. 1.0은 1980년대로 거슬러 올라갑니다. 주입식 교육의 시대입니다. 교육으로 평균인을 만드는 것이죠. 여기서 모범생이라는 개념이 나옵니다. 모범생은 학교가 정한 틀에 가장 가까운 사람을 일컫습니다.

1990년대가 되면서 세계에 문호가 개방되고 글로벌화가 되면서 사람의 다양성을 돌아보게 되었습니다. 사람이 능력도 다르고 개성도 다른데 어떻게 똑같이 교육하느냐는 반성이 일어난 것이죠. 그리고 학생들 개개인의 기준에 맞춰 교육해야 한다는 패러다임으로 바뀌게 되었습니다. 엄청나게 큰 변화입니다. 이것은 기업도 마찬가지입니다. 옛날에는 기업에서 물건을 고민하여 만들어 팔았다면, 지금은 고객의 의견을 반영하여 물건을 만들고 있습니다. 고객이 중요한 시대가 된 것입니다.

2000년대로 넘어오면서 창의력이 중요한 키워드가 되었습니다. 창의력에서는 자극이 중요합니다. 예를 들어 강연에서 제가 여러분에게 얼마나 많은 지식을 전달했는지가 아니라 제가 한 이야기에 여러분이 얼마나 자극과 영감을 받았는지가 중요하다는 말이죠. 이 자극은 지식만이 아니라 상상력이나 통찰력 등의 형태로 우리 머릿속에 들어옵니다. 바로 3.0 교육이 이루어지는 것입니다. 우리 교육도 이런 방향으로 가야 합니다.

마지막으로 파이어니어링pioneering이라는 용어를 기억해야 합니다. 영감inspiration조차도 한계가 있습니다. 누군가 주는 사람이 있어야 하니까요. 능동적이지만 여전히 수동적 부분이 남아 있습니다. 반면에 파이어니어링은 자기가 질문하고 자기가 답변하는 방식입니다. 다른 사람이 이 길로 가라고 해서 그대로 따라가는 것이 아니라 스스로 생각해서 어디로 갈지 결정합니다. 자기주도적으로 말이죠. 4.0 교육은 이렇게 스스로 문제 제기를 하고 스스로 답을 찾는 것이라고 할 수 있습니다.

좀 더 쉬운 예를 들어 볼까요? 3.0 인재는 선생님이 낸 문제에 남들과 다른 답을 찾는 사람입니다. 2.0 인재는 같은 답이지만 남들보다 길게 하는 것이고, 1.0 인재는 단답식 문제나 사지선다에서 정답을 꼭 찍어 말하는 것입니다. 그런데 3.0은 1.0이나 2.0과는 다릅니다. 어떤 문제에 대해서 다른 학생들은 정답에 가깝게 답을 한다면 한 학생은 아주 독특하게 답을 합니다. 맞다 또는 틀리다의 차원이 아닙니다. 접근하는 것도 다르고 답 자체도 다릅니다. 창의적인 것이죠. 그런데 2.0 선생님이라면 '답이 이상한데?'라며 붉은 줄을 그을지도 모릅니다. 반면에 3.0 선생님이라면 좋은 답이라고 인정해 줄 수 있습니다. 다른 학생이 그 모습을 보고 '답이 좀 이상하지 않나요? 이해가 안 돼요'라고 이의를 제기하면 그 선생님은 이렇게 대답하겠죠. '그래, 이상해서 좋은 답이라는 거야. 네가 이해가 되는 답이라면 나쁜 답은 아닌데 그냥 답이야. 평범한 답인 것이지.'

그렇다면 4.0은 무엇일까요? 4.0 선생님은 시험 문제를 이렇게 낼 것입니다. '너희가 문제를 내고 너희가 답을 써라. 단, 좋은 문제여야 한다.' 처음에는 쉬워 보입니다. 자기가 답을 잘할 수 있는 문제를 내면 되니까요. 하지만 좋은 문제를 내는 게 만만치 않습니다. 그 문제 자체가 그 친구의 수준을 결정할 테니까요. 실력이 없으면 절대로 좋은 문제를 낼 수 없습니다. 단답식 문제나 위키피디아에 있는 질문을 변형해서는 좋은 답을 바랄 수 없지 않겠습니까?

만약 인터넷상에 없는 문제를 낸다면 어떨까요? 물론 인터넷에 답도 없을 것입니다. 새로운 질문을 던지고 그 답을 스스로 만들어 내면 그게 정답이냐 또는 오답이냐는 더 이상 중요하지 않을 것입니다. 그럴 때는 답보다는 문제를 보고 점수를 주어야 합니다. 답을 보고 점수를 주면 3.0, 질문을 보고 점수를 주면 4.0입니다. 헷갈리시나요? 이해할 것 같기도 하고 아닐 것 같기도 합니다. 막상 해 보라고 하면 안 될 것도 같고요. 그러니까 4.0인 것이죠. 이제 이런 방식에 익숙해져야 합니다. 4.0 시대의 인재들은 세상이 내는 질문에 답하지 않습니다. 대신 자기 스스로 질문을 던지고 세상 사람들이 답을 찾도록 유도합니다.

유대인의 교육 방식은 4.0에 가깝습니다. 그들은 질문으로 승부합니다. 유대인 부모는 자녀에게 '오늘 뭘 배웠니?'라고 묻지 않는다고 합니다. 대신 '오늘 뭘 질문했니?'라고 질문한다고 합니다. 이를 문맥적으로 보자면 가장 좋은 교육 방식은 '네가 뭘 질문했느냐'라는 것으로 정의 내릴 수 있습니다. 문제의식이 없으면 질문이 안 나오니까 어떤 좋은 답변을 했느냐보다는 어떤 좋은 질문을 했느냐가 훨씬 차원이 높다는 것을 그들은 이미 알고 있는 것입니다. 유대인 부모가 천재라서가 아니라 그 사회의 전통적 교육의 기본 패러다임이 그렇다는 말입니다.

고대 그리스의 철학자 소크라테스도 질문이 많았습니다. 문답법, 산파법이 다 그런 질문이에요. 그는 걸어가면서 계속 질문을 던집니다. 제자가 대답해도 반응하지 않고 또 다른 질문을 던집니다. 그 과정에서 제자는 새로운 답을 찾고 깨달음을 얻습니다. 『논어』도 공자와 제자들이 질의응답한 내용을 정리한 것입니다. 맹자는 스승인 공자의 말을 집대성해서 '사단四端 이론'으로 정립했습니다. 그런데 맹자는 공자를 넘지 못합니다. 왜? 공자가 없는 맹자는 있을 수 없기 때문입니다. 본문이 없는데 주석서가 무슨 의미가 있겠어요?

본문이 될 것인가, 주석서가 될 것인가? 이 질문에서 1.0, 2.0, 3.0이 주석서의 개념이라면 4.0은 본문을 만들라는 것입니다. 그럼 어떻게 만들어야 할까요? 그 질문이 시작점입니다. '어떻게'라고 질문할 때 누군가에게 아무것도 모르니 힌트를 달라고 하는 것이 아니라 스스로가 해결의 실마리를 찾아내야 합니다. 스스로에게 질문을 던지는 것으로요. 이때 '어렵다고 못 하라는 법이 있나, 뭐라도 한 번 해 볼까, 먼저 문장으로 써 볼까, 지금은 머리가 아프니까 산책 가서 바람 쐬면서 다시 생각해 볼까' 이런 생각들이 다 질문입니다. 스스로에게 조건을 주는 것이죠. 이렇게 하다 보면 자신이 원하는 답을 찾아낼 수 있습니다. 스스로 질문하고 스스로 답을 찾는 사람을 이길 수가 없습니다.

어쨌든 빠르게 변하는 세상에 맞게 우리 교육도 서둘러 따라가야 한다고 생각합니다. 시대가 요구하는 패러다임에 맞춰 학습 방식을 바꿔 나가야 합니다. 3.0 사회에서는 3.0 방식으로, 4.0 사회에서는 4.0 방식으로 공부해야 합니다.

문명이 바뀌면 운명이 바뀐다

인류 사회에 또다시 지각 변동이 일어나고 있습니다. 네 번째 파도가 오고 있습니다. 이 새로운 사회에서는 앞에서 말한 다섯 가지의 능력과 네 가지의 조건에 맞추어 진화하고 발전해 나가야 1퍼센트 인재가 될 수 있습니다. 1퍼센트라고 하니까 상대평가가 아니냐라고 할 수도 있습니다. 그럼 나머지 99퍼센트는 어떻게 해야 하느냐고 되물을 수도 있습니다. 제가 말씀드린 것은 이런 개념의 1퍼센트가 아니라 우리 아이들이 전 세계에서 그런 위치를 차지했으면 좋겠다는 마음을 표현한 것입니다.

지금까지의 내용을 정리해 보면 21세기 사회, 즉 4.0 사회의 특징은 한마디로 '초탈무극'이라고 할 수 있습니다. '초탈'은 기존에서 벗어나는 것을 말하고, '무극'은 끝이 없이 추구하는 것을 뜻합니다. 간단히 말해 기존 사회인 3.0 시대를 뛰어넘어 기민하게 4.0 시대로 나아가자는 것입니다.

세상이 뒤집히고 있습니다. 이제 전혀 다른 세상이 옵니다. 스펙보다는 스토리, 스케일보다는 스타일, 표준보다는 개성, 통일성보다는 다양성을 지향하는 것이 다가오는 시대정신의 지향점입니다. 교육도 이에 발맞추어 하루빨리 혁신해야 합니다. 100달러 시대의 교육철학과 시스템으로 3만 달러 시대의 인재를 키울 수는 없지 않겠습니까? 지금 혁신하지 않으면 미래와 후손들에게 큰 죄를 짓게 됩니다. 우리가 고민하고 각성해야 하는 지점입니다.

질의응답

사회자

▸ 신태균 교수님의 3시간이 넘는 열정적인 강연에 박수가 절로 나왔습니다. 저희 후원자 중 한 분으로부터 신 교수님을 강사로 추천받았는데요. 그분이 "삼성그룹의 대표적인 3대 논객 중 한 분입니다. 한번 이야기를 들으면 몇 시간 동안 빠져나올 수가 없습니다"라고 말씀하셨습니다. 강연을 들어 보니 정말 그렇습니다.

오늘 미래 사회를 이끌어 갈 인재에 대해 말씀해 주셨는데요. 아이들 모두를 그런 인재로 키우자는 것이지 그중에서 1퍼센트가 되게끔 노력하고 나머지 99퍼센트는 버리자는 이야기가 아닐 것입니다. 그런데 저는 한편으로 스티브 잡스가 이야기했던 광고 카피, 세상을 바꾼 사람들의 이야기, 야성, 불가능에 도전하는 삶 등의 이야기를 들으면서, 교육의봄이 그런 태도를 지향하고 있다고 생각했습니다. 아무도 가지 않은 길, 교육을 바꾸기 위해서 채용의 변화를 이끌어야 한다는 생각으로 저희는 출범했습니다. 어찌 보면 불가능한 일에 도전하면서도 변화를 이끌고자 한 것이었는데요. 신 교수님의 이번 강연은 교육계에 주는 메시지도 크고 저희 단체의 정체성을 확인시켜 주는 시간이었습니다. 더 하고 싶은 질문은 많지만 본강연으로 인해 시간이 너무 많이 지났습니다. 질문 하나만 받도록 하겠습니다.

질문자

▸ 3.0 인재에서 4.0 인재로 가기 위해서는 갖추어야 할 것이 많을 텐데, 그중에서 가장 기본적으로 갖추어야 할 습관은 무엇이라고 생각하시는지요?

신태균

▸ 좋은 질문입니다. 뭐니 뭐니 해도 '기록'이 아닐까 합니다. 물론 기록이라고 해서 다 기록은 아닙니다. 기록도 1.0, 2.0, 3.0, 4.0이 있습니다. 저는 16.0까지 갔어요. 머릿속에 떠오른 생각을 적은 메모에서부터 노트에 쓴 것, 타자로 친 것, 휴대전화에 입력한 것, 그림으로 그린 것 등 다양합니다. 이를 누적해서 자기 방식으로 복합적으로 기록을 하는 것입니다.

인간의 기억에는 한계가 있습니다. 예를 들어 볼게요. 오늘 많은 강연을 들었어요. 하지만 집으로 돌아가 고단하다는 핑계로 그대로 잠들어 버리면 다음 날 아침 '어제 참 좋은 이야기를 들었어. 그런데 무슨 이야기였지?' 이런 상태가 됩니다. 겨우 두세 가지 정도 생각날 것입니다. 그럼 오늘 일은 그냥 이벤트로 끝나고 말 것입니다.

따라서 오늘 잠들기 전에 강연에 대한 소감을 어떤 형태로든지 남겨야 합니다. 일종의 프로세싱인데요. 듣는 것은 인풋이고, 쓰는 것은 아웃풋입니다. 머릿속에서 프로세싱이 되지 않으면 쓸 수가 없습니다. 뭘 쓰려면 생각을 해야 합니다. 그럼 뇌가 엄청나게 활성화됩니다. 그러니까 이야기를 들으면 자기가 좋아하는 방식으로 기록해야 합니다. 쓰는 것을 좋아하면 쓰고, 컴퓨터에 입력하는 것을 좋아하면 입력하고, 찍는 걸 좋아하면 사진으로 찍어 남겨 두는 것입니다. 기록 방법은 무궁무진합니다.

세계 기록경진대회가 있다면 제가 10위권에 들지 않을까 생각합니다. 저는 지금까지 수많은 것들을 기록했고 그것을 정리하여 보관하고 있습니다. 그래서 10년 전 오늘 제가 뭘 했는지를 알 수 있어요. 해당 날짜의 노트를 펼치면 그날 무엇을 했는지를 알 수 있는 것이죠. 그래서 과거가 과거에 머물지 않고 오늘이 되는 것입니다.

우리는 현재만을 살아갑니다. 오늘이 흘러 어제가 되면 잊게 됩니다. 그것을 붙들어 놓는 것, 과거를 현재로 만드는 방법은 바로 기록입니다. 기록을 하면 리콜이 됩니다. 내가 쓴 것을 보면 '그때 이런 일이 있었지. 이런 마음이었지'라면서 당시 상황이 생각납니다.

기록을 통해 내 지식 세계나 내 삶은 과거, 현재, 미래를 동시에 살게 됩니다. 이것이 메타버스 개념 중 하나입니다. 시간 혁명. 사람들은 보통 현재에 집중해서 사는데 누군가 이것을 과거와 미래로 넓히면 그 사람을 이길 도리가 없습니다. 머리가 아무리 좋아도 이길 수가 없습니다. 기록하는 사람을 못 이긴다는 말이죠. 그렇게 10년만 기록으로 남기면 인간 혁명이 일어납니다. '내가 이런 인간이 될 줄 나도 몰랐는데 이게 웬일이지?' 이렇게 자기 자신에게 놀라게 됩니다. 저 역시 기록을 남기면서 그런 과정을 거쳤습니다.

다른 사람이 한 말만이 아니라 내 생각, 내 질문, 아이디어 등을 다 보관하고 있습니다. 그 보물 창고에서 그때그때 필요한 것을 꺼내 새로운 아이디어를 더합니다. 다른 사람들은 저 탁월한 것이 어디서 나왔는지 모릅니다. 그러나 나는 압니다. 과거 몇 년 몇 월 며칠에 자다가 깨어서 갑자기 좋은 말이 떠올라서 써 놓은 게 그렇게 연결되어 나타난 것입니다. 그러니까 부가가치가 높은 것이죠. 내가 한 기록의 행위가 인과관계로 연결되어 그 일이 일어난 것입니다. 남들이 보기에 나는 평범한 사람입니다. 하지만 나는 압니다. 내가 평범한 사람이 아니라는 것을 말입니다. 내 잠재력이 보통 사람들과 다르다는 것을 인식하게 되면 자신감도 생기고 또 그렇게 누군가에게 기여하면 인생이 보람되잖아요. 그게 4.0 인생이라고 볼 수 있습니다.

5

채용 대안의 새 길을 개척하는 마이다스아이티의 이야기

이형우 | 마이다스아이티 회장

우리가 학벌이나 스펙,
면접을 보고 사람을 뽑는다는 것은 이력서들을 쌓아 놓고
선풍기를 돌려서 멀리 날아가는 순으로 뽑는 것과
그리 다르지 않습니다.

오늘 여러분과 공유할 주제는 '자연의 결대로 사람을 키우다'입니다. 사람을 키우는 교육의 핵심이 무엇인지에 대해 함께 고민해 보면 좋겠습니다.

창업 당시에 기술자 출신이었던 저는 회사를 어떻게 운영해야 할지에 대해 고민이 많았습니다. 사무실을 얻고 가장 먼저 한 일이 서점에 가서 경영 관련 책들을 살펴보는 것이었죠. 그런데 대부분 경영서에는 경영의 목적이 돈이고 이윤이라고 쓰여 있었습니다. 제가 일하면서 느끼고 경험한 것과는 많이 달랐습니다. 조직에서 효용을 생산하는 주체도 사람이고, 시장에서 효용을 평가하고 구매하는 주체도 사람이기 때문에 경영의 핵심은 사람이어야 한다고 생각했거든요. 참 의아했습니다. 왜 경영이 사람을 이야기하지 않고 돈을 이야기하는가?

저는 오랫동안 고민했습니다. 우리 회사는 어떤 비전을 갖고 어떻게 경영을 해야 할까? 고민 끝에 얻은 결론은 '사람이 답答이다'라는 것이었습니다. 돈이 아니라 사람을 키우는 회사, 이윤이 아니라 사람을 남기는 회사를 만들겠다는 바람을 가슴에 품었습니다.

훌륭한 농부가 가장 먼저 하는 일은 좋은 씨앗을 고르는 것입니다. 마찬가지로 경영자가 가장 먼저 해야 할 일은 좋은 인재를 찾는 것입니다. 좋은 인재를 찾으려면 사람에 대해서 알아야겠죠. 저는 오랫동안 사람을 연구하고 사람에 대해 고민했습니다. 그러면서 우리가 사회 통념적으로 알고 있는 것과 실제 사람의 본질은 대단히 다르다는 것을 알게 되었습니다.

우리는 열심히 노력하면 일을 더 잘할 수 있다고 믿습니다. 그런데 실제 관찰한 바에 따르면, 입사 초기에 일을 잘하지 못하던 사람이 나중에 일을 잘하게 되는 경우를 찾아보기 어려웠습니다. 반대로 입사 초기에 일을 잘하던 사람이 나중에 일을 잘하지 못하는 경우도 거의 없었습니다. 입사 시점부터 이미 일을 잘할 사람과 그렇지 못한 사람이 정해져 있다는 것이죠. 또 우리는 좋은 대학을 나오면 일을 잘할 것이고 그래서 좋은 인생을 살 것이라고 믿습니다. 그런데 과연 그런가요? 실제로 그렇지 못한 경우를 너무 많이 보게 됩니다. 학벌이나 스펙은 일 잘하는 능력과 상관이 없습니다. 행복한 인생을 보장해 주지도 않습니다.

사람을 키우고 사람을 남기는 회사를 만들겠다는 바람과 좋은 인재를 어떻게 뽑을 것인가 하는 고민이 합쳐져서 개발하게 된 것이 바로 역량검사 솔루션입니다. 저희는 이것을 '역검'이라고 부르는데, '사람을 살리는 검, 사회를 살리는 검'이라는 뜻입니다. 기업 경영자가 교육에 대해 이야기한다니 좀 특이하게 생각하는 것 같습니다. 그래서 여기저기에서 교육 관련 강연 요청이 많았습니다. 오늘은 지금까지 교육과 관련한 강연에서 자주 받았던 질문들을 중심으로 이야기를 해 볼까 합니다.

첫 번째 질문: 어떻게 창업을 하게 되었고, 세계 1위가 되었는가?

그동안 제가 가장 많이 들은 질문은 '어떻게 회사를 창업하게 되었는가'입니다. 그도 그럴 것이 기술자 출신이 창업한 회사가 한 분야에서 세계 1위가 되었으니까요. 이 이야기를 하려면 처음 취업을 결심하던 시절로 돌아가야 합니다. 대학 졸업하고 군대 다녀와서 취업을 하려는데 쉽지 않았습니다. 심지어 동네 철공소에도 이력서를 냈는데 안 되는 거예요. 그러다 1986년 아시안게임을 앞둔 즈음, 마침내 조선업을 하는 회사에 공채로 어렵게 들어가서 구조물을 안전하고 경제적으로 설계하는 '구조설계' 기술자로 사회생활을 시작하게 되었습니다. 일을 하면서 보니 당시 사용하던 구조공학 관련 외국산 소프트웨어가 국내 실정에 잘 맞지 않았습니다. 별수 없이 독학으로 소프트웨어를 배워서 개발해야 했습니다. 그런데 당시 사내에서는 저희가 개발한 소프트웨어에 별 관심이 없었습니다. 지금도 그렇지만 당시도 부서별 경쟁이 심해서 서로 업무 노하우를 공유하지 않았고 성과를 인정해 주지도 않았거든요.

그러던 중에 회사에서 중요한 프로젝트를 하게 되었습니다. 플랜트 구조물의 개보수 설계 관련 프로젝트였는데, 저희가 설계한 방식으로 하면 비용이 거의 들지 않는 데 반해 일본 기술자들이 설계한 방식을 사용하면 큰 비용을 지출해야 했습니다. 제가 근무하던 회사가 P그룹의 계열사였는데, 당시 회사에서는 일본으로부터 기술 자립을 하는 것이 중요한 과제였습니다. 기술의 국산화가 화두였죠. 그러다 보니 회사는 고민이 많았습니다. 선진국인 일본 기술자의 말을 따라야 한다고 생각하면서도 한편으로 국내 기술자인 저희의 말을 믿고 싶은 마음도 있었겠죠. 비용이 들지 않으니까요.

결국 일본 기술자와 저희 팀을 같이 불러서 이야기를 나누었는데, 그 자리에서 일본 기술자가 자기들의 주장이 틀렸다고 하면서 저희 팀의 설계 결과와 기술을 높이 평가하고 인정했습니다. 게다가 한 일본 기술자는 저희가 개발한 소프트웨어를 일본에 가져가서 팔고 싶은데 공급을 해 줄 수 있느냐고 물었습니다. 그러나 당시 수준이 회사 내부에서 사용하기엔 문제가 없지만 외부에 판매할 정도는 아니라고 판단했습니다. 아무튼 일본 기술자들의 긍정적 평가에 힘입어 회사 내부에서도 저희가 개발한 소프트웨어를 주목하기 시작했습니다. 인정을 받으니 큰 동기부여가 되었습니다. 이후 더욱 개발에 박차를 가하며 계속 업그레이드를 해 나갔습니다.

하지만 대기업 내에서 소프트웨어를 개발한다는 건 쉽지 않았습니다. 필요한 사람을 뽑는 것부터 해서 신속한 의사결정, 시스템을 구축하고 예산과 비용을 집행하는 데도 제약 사항이 많았습니다. 결국 독립을 결심하게 되었고, 지금의 회사를 설립했습니다. 그러나 창업을 하고 나서 더 큰 문제에 부딪혔습니다. 먼저 우리나라 건설 분야 구조설계 소프트웨어 시장이 너무 작았습니다. 국내 시장만으론 승산이 없다는 판단이 들었습니다. 그다음은 기술 사대주의가 무척이나 견고했습니다. 구조물 설계에서 가장 중요한 안전에 대한 담보를 한국에서 개발한 소프트웨어로 한다는 것을 말도 안 된다고 생각하는 분위기였습니다.

고민 끝에 바깥에서 먼저 인정받아야겠다고 생각하고 일본으로 갔습니다. 가장 먼저 일본으로 간 것은 지진과 태풍이 잦은 까닭에 구조설계 소프트웨어 분야에서 세계 최고의 기술을 보유한 나라였기 때문입니다. 예전 프로젝트 때문에 만났던 일본 기술자가 자기네 시장에 가져가 팔고 싶다고 했던 말도 기억이 났고요.

일본 회사들과 협력해야겠다고 생각하고는 무작정 구조설계 분야 업계 1위에서 4위까지의 회사를 차례로 찾아가서 책임자를 만났습니다. 제가 일본어를 못합니다. 그래도 한 시간가량 열심히 우리 기술과 소프트웨어에 대해 소개하고 설명했습니다. 결과는 좋지 못했습니다. 이미 새로운 솔루션을 개발해서 시장에 진출한 상태였기 때문에 한국의 작은 벤처 회사와 협업할 이유가 없다고 말한 회사도 있었고, 묵묵히 이야기를 듣고는 별 반응도 없이 그냥 돌아가라고 말한 회사도 있었습니다.

문전박대를 당하고 한국으로 돌아왔는데, 업계 4위 회사에서 연락이 왔습니다. 부랴부랴 찾아가서 만났습니다. 두 회사가 의기투합해서 1위에서 3위까지의 회사를 모두 앞질러 버릴 전략을 짰습니다. 그때 1위 회사에서 다시 연락이 왔습니다. 그 회사에 근무하던 한국인 직원이 연락해서는 아직 기회가 있다면 다시 만나서 협의를 하자는 것이었습니다. 이야기를 들어 보니 우리가 작은 벤처이긴 하지만 기술이 워낙 뛰어나서 4위 회사와 손을 잡더라도 자기네가 따라잡힐 수 있다고 실리적인 판단을 한 것 같았습니다.

저는 두 가지 조건을 내걸었습니다. 선불로 1년치 물량을 구매해 달라. 그리고 1년 후에는 우리 소프트웨어를 당신네 회사의 대표 상품으로 올려 달라. 결국 1위 회사와 파격적인 조건으로 계약에 성공했습니다. 그날이 2002년 3월 1일입니다. 그렇게 일본에 첫 수출을 하고 2008년 8월에는 도쿄에 법인도 세웠습니다. 일본 시장 공략에 성공하고 난 뒤에 중국, 미국, 이탈리아에도 진출했습니다. 지금은 전 세계에 8개 현지법인과 지사, 28개의 해외 대리점을 통해 110개국에 수출하고 있습니다.

지금 이렇게 창업을 해서 한 분야에서 세계 1위의 기업이 되기까지 과정을 말씀드렸는데, 사실 그 뿌리에는 절박함이 있었습니다. 저는 금수저도 은수저도 아니고 흙수저도 아니었습니다. 수저라고 할 것이 없는 무수저였습니다. 다른 친구들은 대기업에 들어가 임원이 되는 꿈을 꿀 때 저는 주어진 일을 잘해서 인정받고 봉급받는 일이 훨씬 더 중요했으니까요. 또 소프트웨어를 개발하고 창업을 했지만 작은 시장과 기술 사대주의에 부딪혀 해외 시장을 개척해야만 했습니다. 그러한 결핍들이 세상이 기회를 주었을 때 최선을 다해서 성과를 만들어 내는 에너지가 되지 않았나 생각합니다.

두 번째 질문: 왜 교육에 관심을 갖게 되었는가?

두 번째로 많이 들은 질문은 'IT 기업 회장이 어떻게 교육에 관심을 갖게 되었는가, 바람직한 교육이란 어떤 것이라고 생각하는가' 입니다. 저는 건설공학 소프트웨어 분야 세계 1위 글로벌 기업의 창업자이자 대표입니다. 그렇죠? 그럼 적어도 저는 전공이 건설공학 분야일 가능성이 거의 100퍼센트겠죠? 소프트웨어에 대해서는 구글의 세르게이 브린이나 애플의 스티브 잡스만큼은 아니라도 웬만큼 알 것이고, 글로벌 기업 대표이니 영어도 유창할 것이라고 생각할 수 있습니다. 그런데 저는 건설이 아니라 기계과를 나온 사람입니다. 대학에서 소프트웨어 관련 과목을 하나 들었지만 D학점을 받았습니다. 해외 유학은 근처도 못 가 봤고, 영어도 잘하지 못합니다. 처음 취업해서 구조설계 일을 받았을 때 건설공학 전공한 사람들이 하는 일인지 몰랐습니다. 저에게 맡겨진 일이니 책 보고 열심히 공부하면서 해내려 했을 뿐이죠. 나중에는 기계공학과 나온 사람이 건설공학 소프트웨어를 만들어 판매한다고 비난도 받았습니다.

지방대학도 겨우 졸업한 제가, 건설도 모르고 소프트웨어도 모르고 외국어도 못하는 제가 어떻게 전 세계 시장을 개척하고 확장하고 보급하는 일을 직접 주도할 수 있었을까요? 기술과 지식만이 성과를 내는 능력의 전부였다면 그럴 수 있었을까요?

여러분은 성공이 무엇이라고 생각하나요? 돈이 많으면 성공일까요? 높은 지위에 오르면 성공일까요? 제가 돈 많은 분, 지위가 높은 분을 많이 아는데 그분들 대다수는 그다지 행복하지 않습니다. 고민도 많고 불행합니다. 성공 방정식이 뭔가 잘못되었다는 이야기겠죠.

우리 아이들의 교실 풍경을 본 적이 있으신가요? 수업 시간에도 아이들이 엎드려 자고 있습니다. 이 아이들이 과연 행복할까요? 앨빈 토플러가 우리나라에 왔을 때 이런 말을 했습니다. "한국 학생들은 하루 15시간 동안 학교와 학원에서 전혀 필요 없는 지식과 미래에 존재하지도 않을 직업을 위해서 시간을 낭비하고 있다." 맞습니다. '좋은 성적=좋은 대학=좋은 직장=좋은 인생'이라는 왜곡된 성공 방정식으로 인해 아이도 부모도 선생님도 전혀 행복하지 않은 사회가 되었습니다.

종종 대학에서 강연할 때가 있습니다. 한번은 서울의 꽤 괜찮은 대학에서 강연을 했는데, 강연이 끝난 후에 한 학생이 손을 들고는 이렇게 말했습니다.

"저는 부모님이 시키는 대로, 또 학교에서 안내하는 대로 열심히 공부만 했습니다. 그래서 좋은 대학에 들어왔습니다. 그런데 가슴속에는 어떠한 열정도 남아 있지 않고 뭔가를 하고 싶다는 생각조차 들지 않습니다. 마치 죽은 영혼을 가진 사람 같습니다. 대표님은 열정적으로 세상을 사신 것 같은데 어떻게 하면 가슴에 다시 불을 지필 수 있는지 알려 주세요."

참 먹먹했습니다. 답이 없거든요. 이미 시간을 놓쳤거든요. 결국 대학 입시 위주의 교육 시스템이 그의 인생을 그렇게 이미 엎질러진 물로 만들어 버린 것입니다.

부모의 역할은 무엇인가요? 자식을 잘 키워서 부모의 역할이 필요 없어지도록 하는 것 아닌가요? 그런데 주변을 돌아보면 어른이 되어서도 부모 곁을 떠나지 못하는 사람이 많습니다. 그렇게 성장하지 못하도록 발목을 잡고 있는 것이 바로 우리의 교육이 아닌가 싶습니다. 교육의 역설, 부모의 역설인 셈이죠. 우리 스스로 그 역설을 자행하고 있는 건 아닌가 하는 생각이 듭니다.

수년 전 스위스에 간 적이 있습니다. 스위스에 가면 꼭 물어보고 싶었던 것은 '어떻게 해서 100년 만에 세계에서 가장 못사는 나라에서 가장 잘사는 나라가 되었는가' 하는 것이었습니다. 스위스에서 만난 사람에게 실제로 질문을 했더니 그가 되레 이렇게 물었습니다. "한국의 부모는 아이와 함께 걸어가다가 아이가 넘어지면 어떻게 하나요?" 한국의 부모는 대개 얼른 달려가서 넘어진 아이를 일으켜 줍니다. 그런데 스위스에서는 절대 그렇게 하지 않는다고 합니다. 아이가 일어날 때까지 기다려 주는 것이죠. 왜냐하면 앞으로도 인생을 살면서 수없이 넘어질 텐데 그때마다 부모가 일으켜 준다면 그 아이는 스스로 서는 법을 배우지 못하기 때문이라는 거예요. 저는 이것이 교육이라고 생각합니다. 인위적으로 지식을 넣어 주고 다양한 체험과 경험을 할 기회는 없이 학교와 학원만 뱅뱅 돌면서 대학 입시를 위한 공부만 시키는 것은 교육이 아닙니다.

교육은 아이가 가지고 있는 '본연의 결'이 잘 드러나도록 도와주는 것입니다. '교육은 사람 농사와 같다'라는 말을 합니다. '1년을 얻으려면 곡식을 심고, 10년을 얻으려면 나무를 심고, 100년을 얻으려면 사람을 키워라'라는 말도 있습니다. 한 그루 나무가 쑥쑥 자라서 열매를 맺었을 때, 그 열매는 원래 어디에 있었나요? 씨앗 속에 있었습니다. 그 씨앗이 뿌리를 내려 싹을 틔우고 꽃을 피우고 열매를 맺는 것처럼 우리의 교육도 그래야 하지 않을까요? 열매의 본질을 알고 그 결이 자연스럽게 드러나도록 환경을 만들어 주는 것이 가장 바람직한 교육이라고 할 수 있습니다.

세 번째 질문: 사람은 어떤 존재인가?

저는 20년 이상 자연과학을 통해서 사람에 대한 연구를 해 왔습니다. 그러다 보니 '사람은 어떤 존재라고 생각하는가'라는 질문도 많이 하시더군요.

사람은 어떤 존재일까요? 제가 공부를 해서 얻은 결론은 조금은 허탈했습니다. 사람은 생물이고 동물이고 인간이라는 것이었으니까요. 모든 사람이 원하는 것은 똑같습니다. 잘살고 싶어 하고, 잘하고 싶어 하고, 잘 크고 싶어 합니다. 이 세 가지가 잘되면 행복하고, 잘 안 되면 불행합니다. 사람은 참 단순합니다. 과학의 관점에서 보는 사람의 존재는 다음 네 가지로 설명할 수 있습니다.

첫째, 사람은 특별하기보다는 특이한 존재입니다. 태어나서 어느 정도 사람 노릇을 하는 데 대략 15년 정도 걸립니다. 반면에 쥐는 35일, 고양이는 1년, 개는 1~2년, 말은 2~3년이면 됩니다. 사람이 성장하는 데 이렇듯 긴 시간이 걸리는 이유는 뇌가 미성숙한 상태에서 태어나기 때문입니다. 미성숙한 상태에서 태어나 성장 과정에서 환경과 상호작용하면서 학습을 통해 점차 성숙해집니다. 사람이 특이한 것은 사회적 상호작용을 통해서 비로소 성숙해진다는 점에 있습니다. 우리가 태어나서 잠들 때까지 고민하고 아파하는 이유를 잘 들여다보면 모두 사람과 관련된 문제들 때문입니다. 우리 뇌도 사회적 문제를 해결하고 사회성을 강화하는 방식으로 진화해 왔습니다. 사람은 철저하게 사회적 동물입니다.

둘째, 사람은 태어나서 만들어지는 존재입니다. '유전이냐, 환경이냐' 하는 논쟁에 대해 들어 보셨을 겁니다. 많은 사람들이 성장 환경에서의 양육이 중요하다는 것을 알면서도 마음속에서는 태어날 때 가지고 나오는 유전자에 관심이 더 많은 것 같습니다. 하지만 뇌를 연구할수록 우리는 '태어나 만들어지는 존재'라는 것을 알게 됩니다. 유전자를 가지고 태어나지만 환경과 학습에 의해서 만들어지기도 한다는 의미입니다. 그래서 교육이 중요합니다.

셋째, 사람은 세상과의 상호작용으로 살아갑니다. 나와 세상이 상호작용한 결과가 인생이 됩니다. 상호작용의 본질은 나의 '능력'을 제공하고 나의 '행복'을 구매하는 가치거래 행위라는 것입니다. 연인과의 사랑도 친구와의 우정도 그렇습니다. 회사의 동료, 고객도 모두 가치거래의 대상입니다. 행복은 어디에 있을까요? 대부분 행복은 '자기 속'에 있다고 생각합니다. 아닙니다. 행복은 사람과 사람 '사이'에 있습니다. 여러분과 배우자의 행복은 여러분과 배우자 사이에 있고, 여러분과 자녀의 행복은 여러분과 자녀 사이에 있습니다. 그래서 행복하기 위해서는 '사이'를 잘 관리해야 합니다.

러시아의 작가 레프 톨스토이의 장편소설 『안나 카레니나』의 첫 문장은 이렇게 시작합니다. '행복한 가정은 모두 비슷하게 서로 닮아 있고, 불행한 가정은 모두 제각각의 이유로 불행하다.' 불행한 가정에서는 딸은 엄마 때문에 불행하다고 하고, 엄마는 아들 때문에 불행하다고 하고, 아들은 아버지 때문에 불행하다고 하고, 아버지는 모두 때문에 불행하다고 하는 일이 벌어집니다. 왜 그럴까요? 행복의 본질은 관계이기 때문입니다.

이는 우리 뇌의 작용에서도 확인할 수 있습니다. 우리가 행복감을 느낄 때 뇌에서는 옥시토신, 세로토닌, 도파민과 같은 특정 신경전달물질이 증가합니다. 모두 사회적 관계가 원활할 때 분비되는 것들이죠. 사회적 관계가 차단되거나 어려움을 겪으면 이러한 신경전달물질의 균형이 깨지면서 우울증을 앓게 됩니다. 그래서 우울증을 다스리기 위해 먹는 약에는 세로토닌의 재흡수를 억제해 농도가 줄어드는 것을 막기 위한 성분이 들어 있습니다. 결국 사회적 관계가 원활하면 행복하고, 사회적 관계가 원활하지 못하면 불행하다고 할 수 있습니다.

넷째, 사람이 지닌 능력은 권리가 아니라 책임입니다. 지금 내가 가진 모든 것은 내 것이 아닙니다. 태어날 때 국가나 부모를 선택한 사람 있나요? 이름도 내가 짓지 않았습니다. 지금 알고 있는 지식이나 기술을 갖고 나온 사람이 있나요? 우리 속에 있는 건 전부 밖에서 들어온 것입니다. 우리가 능력이 있다고 자부심을 가질 수 있는 것도 그렇지 못한 사람들이 있기 때문입니다. 그럼 그 능력은 능력이 부족한 다른 사람들을 위한 책임으로 주어졌다고 보는 것이 맞지 않을까요?

경제적 부도 잠시 자신이 관리하고 있을 뿐 세상의 것입니다. 돈만 있으면 행복할 것이라고 생각하는 사람이 많습니다. 하지만 돈은 행복을 늘리는 데는 거의 도움이 되지 않습니다. 불행을 예방하는 데는 도움이 됩니다. 다만, 많은 돈이 필요하지 않고 적정 수준의 돈만 있으면 됩니다. 그러니 목숨 걸고 많은 돈을 벌려고 아등바등할 필요가 없는 것이죠.

네 번째 질문: 채용 솔루션 사업을 시작한 동기와 비전은 무엇인가?

저는 1년 365일을 아침 6시 30분에 출근해서 밤 10시에 퇴근하는 삶을 살고 있습니다. 지금까지 전속력으로 살아왔다고 생각했습니다. 그런데 어느 날 일어나서 양치질을 하려고 화장실에서 거울을 보는데 낯선 노인 한 사람이 서 있는 것입니다. 충격이었어요. 거실로 나왔는데 식탁 위에 줄줄이 놓인 약병들로 눈길이 갔습니다. 문무학 시인의 「인생의 주소」라는 시가 생각나더군요. '젊을 적 식탁에는 꽃병이 놓이더니, 늙은 날 식탁에는 약병만 줄을 선다. 아! 인생 고작 꽃병과 약병 그 사이인 것을….' 그러면서 내 인생의 대차대조표를 다시 맞춰 봐야 할 시점이 다가왔다고 생각했습니다.

50대 중반 즈음에서 앞으로 남은 인생을 무엇을 위해, 어떻게 살아야 하나 고민하다가 중학교부터 대학 다닐 때까지 고아원에 자주 갔던 것이 떠올랐습니다. 그곳 아이들과 놀고 자고 하는 것이 좋았습니다. 고아원에 처음 간 것은 중학교 2학년 때였는데, 고아원 아이들이 사춘기를 겪으면서 얼굴이 변하고 성격이 삐뚤어지는 것을 보면서 세상이 불공평하다고 생각했습니다. 아이들은 고아가 되기를 선택한 것이 아니었습니다. 부모도 원해서 아이들을 고아원에 보낸 것은 아니었을 겁니다. 아이들은 자신의 의지와 관계없이 버려졌고, 삶의 고통은 오롯이 그들의 몫이 되어 버렸죠.

대학에 들어간 뒤에도 이런 생각은 머릿속을 떠나지 않았습니다. 대학에서 당시의 시국 상황과 학생운동을 경험하면서 세상의 부조리와 불공정에 분개하기도 했습니다. 그러면서 '세상이 더 공평하고 공정해지려면 어떻게 해야 할까'라는 깊은 고민에 빠졌습니다. 먹고 사는 문제에서 기회의 공평이 주어지지 않고 분배에서 공정이 이루어지지 않기 때문에 사회에서 끊임없이 공평과 공정에 대한 문제가 불거져 나오는 게 아닐까 싶었습니다. 그럼 근본적으로 평등한 세상은 불가능한 것일까요? 우리는 평등하게 태어나지 않습니다. 생김새는 물론 키도, 성격도, 지적인 능력도 다릅니다. 이런 고민을 꽤 오랜 시간 하면서 '누구나 잘 먹고 잘사는 세상을 만들면 되지 않을까? 그럼 공평하고 공정한 세상이 되지 않을까?'라는 생각을 하게 되었습니다.

사회에서 먹고사는 문제를 해결하는, 다시 말해 사회의 부를 만드는 주체는 어디일까요? 바로 기업입니다. 그래서 기업이 잘되도록 도와야겠다고 생각했습니다. 몸이 부자라고 해서 영혼이 튼튼해지고 풍성해지는 것은 아닙니다. 마음도 부자로 만들어야 합니다. 마음을 부자로 만들기 위해서는 교육이 필요합니다. 기업은 사회의 부를 만들어 현재를 책임지고, 교육은 사람을 올바르게 키워서 사회의 미래를 책임집니다. 기업이 잘되도록 돕고 교육을 바로 세우는 것, 그것이 바로 제가 남은 인생에 해야 할 일이었습니다.

그때 저에게는 비밀노트가 하나 있었습니다. 우리 사회는 왜 공평하지도 공정하지도 않은가 고민하면서 지난 20년간 사람과 세상의 본질에 대해 연구한 것들이었습니다. 철학이나 인문학이 아닌 심리학, 신경학, 생물학, 물리학, 우주론을 공부하고 연구하면서 인간과 세상에 대한 정체성과 인생, 경영, 교육에 대한 본질을 합리적으로 이해하고 정리한 결과물들이었죠.

인생의 해가 기울어 가는 시점에 경영과 교육이라는 두 가지 일을 위해서 무엇부터 시작해야 할까 고민하는 데에 비밀노트가 많은 도움이 되었습니다. 결국 급소를 찾아낼 수 있었습니다. 대부분의 사람들이 학교를 졸업하고 사회로 나갈 때 반드시 통과해야 하는 문이 있습니다. 바로 취업의 문이죠. 이 급소를 인간에 대해 합리와 이치로 연구한 역량이라는 것으로 찌를 수 있다면, 기업들은 스펙이 아니라 역량으로 인재를 뽑아 좋은 성과를 통해 성장할 수 있고, 교육도 입시와 경쟁이 아닌 저마다의 역량을 기반으로 하는 교육으로 전환될 수 있다고 생각했습니다.

다섯 번째 질문: 역량의 합리적 개념은 무엇인가?

마이다스아이티는 학벌과 스펙이 아니라 역량을 기반으로 인재를 채용합니다. 그렇다면 역량이란 무엇일까요? 역량은 지금 우리 사회의 화두 중 하나입니다. 모든 분야에서 역량이 중요하다고 말하고, 실제로도 중요해지고 있습니다. 교육에서뿐만 아니라 기업에서도, 우리 인생에서도 역량이 중요합니다. 역량은 1970년대 하버드대 심리학과 교수인 데이비드 맥클리랜드David McClelland가 연구를 통해 확립한 개념입니다. 그는 "일과 삶에서 성과와 성공을 담보할 수 있는 것이 역량이다"라고 했습니다. 간단합니다. 결국 역량은 성과를 내는 데 핵심 엔진으로 작용한다는 말이죠.

그럼 성과는 무엇일까요? 우리는 성과를 '일을 해서 나오는 결과물' 정도로 생각합니다. 그런데 그것이 전부가 아닙니다. 부모님에게 용돈을 얻어 내는 것, 친구의 마음을 얻는 것, 연인의 마음을 훔치는 것, 고객의 마음을 빼앗는 것이 모두 성과입니다. 그렇다면 성과는 어떻게 만들어질까요? 우리 뇌는 성과를 만들기 위해서 진화해 왔다고 해도 과언이 아닙니다. 어떤 기회가 주어졌을 때 뇌가 가장 먼저 하는 일은 가치 예측을 통해 신뢰를 판단하는 것입니다. 그리고 예측된 가치의 크기만큼 열정을 발현합니다. 이후에는 가치의 효과와 효율을 위한 전략적 모색을 하고, 지속적인 실행을 통해 가치 획득이라는 성과를 만들어 냅니다.

뇌에서는 이렇듯 신뢰 판단과 열정 발현, 전략 모색, 실행 지속의 과정을 거쳐 성과를 만드는 메커니즘이 작동하고 있습니다. 예를 들어 내가 평소에 짝사랑하는 사람이 있습니다. 그 사람에게서 전화가 왔어요. "오빠! 이번 주말에 청계산 등산 갈래?"라는 말에 나는 가슴이 뜨거워지며 이미 청계산을 올라가고 있습니다. 그리고 이번 기회에 확실히 그 사람의 마음을 얻어야겠다고 생각합니다. 어떻게 하면 마음을 얻을 수 있을까 열심히 전략과 계획을 세웁니다. 이렇듯 신뢰 판단을 하는 긍정성, 열정을 발현하는 적극성, 전략을 모색하는 전략성, 실행을 꾸준히 지속하는 성실성은 성과를 만드는 핵심 역량이라고 할 수 있습니다. 그렇다면 이런 역량은 어디서 나올까요? 뇌의 성과중추라고 할 수 있는 전전두피질에서 나옵니다.

전전두피질은 크게 세 영역으로 구분할 수 있습니다. 가치를 학습하고 판단하는 영역, 가치를 획득하기 위한 전략과 실행의 영역, 그리고 가치와 전략을 통합하는 영역이 그것입니다. 이 세 영역과 관련된 기반 역량은 긍정성, 적극성, 안정성, 대인력, 전략력, 조절력, 통합력의 일곱 가지입니다. 일곱 가지 기반 역량이 사회적 상호작용을 돕고, 성과를 만들고, 우리 인생을 만들어 내는 것이죠.

뇌는 네트워크로 연결되어 있기 때문에 영역과 기능을 일대일로 대응시킬 수는 없습니다. 그러나 우리는 구분해야 다룰 수 있고, 다룰 수 있어야 가치를 만들 수 있습니다. 수백 편의 연구논문 결과를 메타분석해서 얻은 결론은 이러한 구분과 정의가 뇌의 발달과 역량을 이해하는 데 매우 큰 도움을 준다는 것입니다.

여섯 번째 질문: 역량은 언제 어떻게 만들어지는가?

그럼 이런 역량은 언제 어떻게 만들어질까요? 전전두피질을 포함한 대뇌피질은 출생 이후 25세 전후까지 환경과의 상호작용을 통해서 서서히 성장합니다. 영역별로 발달 시기가 조금씩 다르며, 사춘기를 지나 성년기에 접어들면 90퍼센트 수준까지 성장하며 완성 단계에 이르게 됩니다. 우리의 뇌는 이처럼 태어나 만들어집니다.

그러므로 출생 이후 성장 발달 단계에서 어떤 환경에서 어떤 상호작용으로 어떤 경험을 쌓는지가 매우 중요합니다. 태어나서 영유아 시기까지는 초기 양육자인 부모와의 애착관계 형성이 그 무엇보다 중요합니다. 이때 부모로부터 긍정적인 피드백을 주로 받으면 세상을 긍정적으로 인식하게 되고 부정적인 피드백을 더 많이 받으면 세상을 부정적으로 인식하게 됩니다. 우리는 주위에서 어떤 일이든 부정적으로 생각하고 비판하는 사람을 봅니다. 신경과학적으로 볼 때 '건설적인 비판'이라는 말은 성립하지 않습니다. 비판의 본질은 저항이고 공격이며 폭력입니다. 그것을 우리의 이성이 건설적이라고 포장하는 것입니다.

어린 시절에 애착관계가 제대로 형성되지 않으면 세상을 비틀어 보게 됩니다. 안타깝지만 그들은 평생 불행합니다. 하늘이 아무리 맑아도 맑게 보이지 않습니다. 똑같은 대한민국을 누구는 헬조선으로 보고, 누구는 자랑스러운 조국으로 보기도 하잖아요. 우리는 세상을 미워해야 할 이유도, 세상에 감사해야 할 이유도 항상 같이 느낍니다. 미워해야 할 이유가 내 속에서 계속 올라오면 불행한 사람입니다. 이렇게 행복한 사람, 불행한 사람이라는 구분이 상당 부분 영유아 시기에 결정됩니다.

적극성과 같은 역량 또한 학령 전기부터 시작해 주로 초등학교 때 또래 친구나 선생님과의 상호작용을 통해서 형성됩니다. 이때 성공 경험을 많이 하면 적극성을 학습하게 되고, 그 반대의 경우는 소극성을 학습하게 됩니다. 성장 단계에서 성공 경험을 많이 하면 뇌에 세로토닌과 옥시토신의 수용체가 많이 형성되기 때문이죠. 그리고 친구들과 상호작용이 잘 일어나면 안정적인 자아를 갖게 되고 그렇지 못하면 불안정한 자아를 갖게 됩니다. 또한 상호작용이 잘 일어나면 눈치코치가 발달하고 친사회적 행동이 강화되면서 능동적인 성향이 형성되고, 그렇지 않으면 수동적인 성향이 더 크게 형성됩니다.

우리 뇌는 사춘기를 기점으로 다른 학습을 합니다. 사춘기 이전에는 주로 가치 학습을 하다가 이후에는 전략 학습이 이루어집니다. 가치 학습이 이루어질 때는 흥분성 시냅스가 발달하고 전략 학습이 이루어질 때는 억제성 시냅스가 발달합니다. 이렇게 발달을 계속해서 25세 전후가 되면 거의 90퍼센트까지 완성된 상태로 끝납니다. 역량이 그렇다는 것입니다. 지식이나 기술은 성인이 된 이후에도 계속해서 학습이 가능합니다.

그렇다면 역량을 형성하는 뇌는 어떻게 성장하고 성숙할까요? 뇌는 크게 세 단계를 거치며 성숙합니다. 첫 번째는 태어날 때부터 자동으로 만들어지는 '발생 선택' 단계입니다. 수정이 되고 나서 25일가량 지나면 신경관이 생기고 이후 줄기세포 중심으로 신경 분화가 일어나면서 뇌가 만들어집니다. 우리 몸의 세포는 태어나서 1년 안에 95퍼센트 정도가 바뀝니다. 그러나 뇌세포의 수는 태어날 때 대부분 만들어진 상태이기 때문에 거의 바뀌지 않습니다. 태어난 이후에는 성장 과정에서 세상과 상호작용하며 체험과 경험으로 만들어진 기억이라는 신경 흔적들이 쌓이게 되죠. 상호작용에 따라서 신경세포 간의 연결이 기록되는 '경험 선택' 단계입니다. 반복해서 자주 상호작용하는 것은 강하게 기록이 남을 수밖에 없습니다. 강하게 연결될 수밖에 없죠. 그렇게 해서 사춘기가 끝날 때쯤 되면 연결이 거의 마무리됩니다. 환경과 상호작용이 풍성하면 연결망이 튼튼한 뇌가 되고, 상호작용이 빈약하면 부실한 뇌가 됩니다. 우리의 욕망, 성격, 역량 등은 모두 경험 선택의 시기에 만들어집니다.

성년기 이후에는 여러 가지 지식을 학습하고 기술을 연마하는 등 사회적 학습을 통해서 부분적으로 신경 연결이 강화됩니다. 뇌가 성숙하는 '연계 선택' 단계이며, 이 과정에서 기술, 지식, 태도, 가치관 등이 만들어집니다. 역량은 뇌의 성숙과 함께 형성되고 강화됩니다. 그 메커니즘을 좀 더 살펴보겠습니다.

자극에 반응할 때 신경 보상이 일어나면서 학습 기억이 형성됩니다. 이러한 과정이 반복되고 강화되면 신경망이 구축되고 그 신경망이 강화되어 만들어진 신경 경향성이 역량이 됩니다. 결국 역량의 본질은 기억입니다. 기억이 역량이 되는 과정은 이런 비유로 설명할 수 있습니다. 비가 와서 고이면 작은 물웅덩이가 되고 비가 많이 오면 개울이 생기잖아요. 물웅덩이가 지식이라면 개울은 기술과 같고, 개울이 모이면 개천이 되는데 그것은 습관과 같은 개념입니다. 그다음에 하천이라는 성격이 되고, 강이 되면 역량이 되는 것이죠.

일곱 번째 질문: 성년 이후에 노력을 통해 역량을 개발할 수 있는가?

영유아 시기부터 사춘기까지 환경과의 상호작용을 통해 학습된 결과가 역량이 되기 때문에 그 이후에는 거의 바꾸지 못합니다. 지식과 기술은 바꿀 수 있습니다. 하지만 성격이나 역량은 거의 불가능합니다. 그래서 영유아 시기부터 사춘기까지가 역량 발달의 절대적 시기입니다. 인간을 만들 수 있는 골든 타임이라고 할 수 있죠.

역량에 대한 신경학적 정의는 '유사 자극과 반응 메커니즘이 반복 강화로 형성돼 고정화된 반응의 신경 경향성'이라고 할 수 있습니다. 조금 어렵게 들리겠지만, 이것이 역량에 대한 가장 과학적이고 합리적인 정의라고 할 수 있습니다. 결론을 말하면 성장기의 체험과 경험이 역량을 만들고 역량이 사람과 인생을 만듭니다. 능력은 역량에 기술과 지식을 합친 것입니다. 역량은 성과를 만드는 성능이고, 기술은 수단이며, 지식은 재료에 해당합니다. 기술과 지식은 학습을 통해 언제든지 습득할 수 있습니다. 조금만 노력하면 나이 들어서도 자전거나 수영을 배울 수 있습니다.

자전거나 수영을 배웠다는 것은 뇌에 새로운 신경망이 형성되었다는 것입니다. 새로운 신경망이 형성되기 전에는 학습 과정에 의식이 계속 개입해야 합니다. 그러나 일단 신경망이 형성된 이후에는 의식의 개입 없이 무의식적으로 호흡을 하고 팔다리를 움직일 수 있게 되는 것이죠. 지식과 기술은 단기간에 학습 강화되지만 역량은 성장기 전반에 걸쳐 환경과의 상호작용을 통해 학습됩니다. 그러므로 역량은 지식과 기술처럼 단기간에 의도적인 학습을 통해서 만들 수 없습니다.

나라마다 역량에 대한 정의나 기준이 다릅니다. 우리나라의 개정 교육과정은 경제협력개발기구OECD에서 만든 '데세코DESECO 프로젝트'를 기반으로 하고 있습니다. 이 프로젝트는 미래를 살아갈 학생들에게는 역량이 중요하며, 특히 핵심 역량을 갖추는 교육을 해야 한다고 강조합니다. 또 대학에서도 학교별로 다양한 핵심 역량을 정하고 함양하는 것을 교육 목표로 삼고 있습니다. 정부에서는 국가직무능력표준NCS을 마련해서 산업 현장에서 직무를 수행하는 데 필요한 실무 역량을 측정하고자 합니다. 기업에서도 대개 KSA(지식, 기술, 태도)를 중심으로 직무 역량을 정의하고 있습니다.

그렇다면 이렇게 다양한 역량의 개념과 정의를 기준으로 역량을 제대로 평가할 수 있을까요? 예를 들어 한 대학에서 4차 산업혁명 시대 중요 역량을 '창의성'으로 정하고 함양하도록 노력한다고 합시다. 그럴듯합니다. 하지만 이미 성인기에 접어든 대학생들이 창의성을 개발하는 것은 거의 불가능에 가깝습니다. 창의성은 성장 과정에서 체득한 수많은 가치 학습 경험이 머릿속에서 연결되고 조립되면서 자연스럽게 발현되는 것이니까요.

만약 스티브 잡스의 머릿속에서 창의성이 일어났다면 이런 과정을 거치지 않았을까요? '전화기를 갖고 다니면 참 좋을 것 같고, PC도 갖고 다닐 수는 없을까? MP3도 있었으면 좋겠는데, 이것들을 모두 내 손안에 한꺼번에 넣어 볼 수 없을까?' 이런 창의적인 발상은 그냥 '스마트폰 같은 걸 만들어 봐야지'라고 해서는 떠오르지 않습니다. 그럼 어떻게 해야 할까요?

어릴 때부터 끊임없이 환경과 상호작용을 해야 합니다. 그렇게 머릿속에 체험과 경험을 통한 기억이 구축되어 있다가 어느 날 갑자기 자극에 의해 연결되면서 발현됩니다. 창의성과 마찬가지로 협력성 역시 학습을 통해서 개발할 수 없습니다. 협력은 시너지를 내는 것이 목적인데, 사회적 시너지는 어릴 적 초기 양육자와의 상호작용을 통한 교감과 공감 능력이 기반이 됩니다. 이렇게 성장 단계에서 이미 형성되어 개발이 불가능한 것을 역량이라고 정의할 수 있습니다.

우리는 '창의 융복합형 인재'라는 말을 자주 하는데, 어떤 인재가 여기에 해당할까요? 이런 인재를 키우려면 학교 교육이 어떻게 바뀌어야 할까요? 역사 공부를 예로 들어 볼게요. 예전에는 조선왕조 계보를 공부할 때 '태정태세문단세'라고 무조건 외웠습니다. 그렇게 하는 것은 제대로 된 공부라고 할 수 없습니다. 태조 이성계가 어떤 상황에서 고려를 멸망시키고 조선을 건국할 수밖에 없었는지, 당시 인물들의 고민과 갈등 등을 함께 살펴야 합니다. 그리고 그 맥락적 연장선에서 태종과 세종이 그리고 다음 왕들이 어떻게 왕위를 물려받게 되었는가와 같은 것들을 말이죠. 그렇지 않으면 '태정태세문단세'는 단순 암기에 지나지 않습니다.

수학에서 인수분해를 배울 때도 마찬가지입니다. 단지 수학 공식으로 외울 게 아니라 인수분해가 우리 삶에서 어떤 식으로 작동하는지를 배워야 합니다. 과학도 지식 암기가 아니라 상황에 대한 스토리를 만들고 맥락적으로 그리고 인과적으로 이해하면서 배우면 좋겠죠. 이것이 제대로 된 신경과학 기반의 역량 중심 학습이라고 할 수 있습니다.

여덟 번째 질문: 역검은 왜 개발하였고, 어떤 효과가 있는가?

저희 회사에서 개발하고 보급하는 AI 역량검사인 '역검'에 대해 들어 보셨을 겁니다. 궁금한 점도 있을 테고요. 저희가 이것을 왜 개발하게 되었는지 간략히 말씀드릴게요. 저희 회사는 처음부터 블라인드 채용을 실시했습니다. 5년 정도 블라인드 채용을 하다 보니 궁금해졌습니다. 블라인드 채용으로 들어온 우리 구성원들, 전 세계를 무대로 큰 활약을 하고 있는 구성원들은 주로 어느 대학 출신일까

하고 말이죠.

매년 한 신문사에서 국내 대학의 순위를 매겼습니다. 그것을 기준으로 1위에서 10위까지 대학은 1그룹, 11위에서 40위까지 대학은 2그룹, 그리고 40위 밖의 대학은 3그룹으로 나누었습니다. 그럼 1000대 1의 경쟁률로 입사한 우리 회사 구성원들의 몇 퍼센트가 1그룹에 속할까요? 저는 50퍼센트 정도 될 것이라고 생각했는데, 놀랍게도 25퍼센트 정도만이 1그룹에 속했습니다. 오히려 대부분 이름도 생소한 3그룹 대학 출신이 39퍼센트나 되었습니다. 그런데 더욱 놀라웠던 것은 일을 잘하는 사람, 즉 고성과자는 어느 대학 출신이 많을까를 살펴본 결과였습니다. 1그룹은 20퍼센트로 오히려 줄고, 3그룹 대학 출신은 5퍼센트가 늘어 44퍼센트가 되었습니다.

사실 이것은 공공연한 비밀입니다. 대부분의 기업에서는 대학 서열이나 성적이 일 잘하는 능력과 관련이 없다는 것을 이미 알고 있습니다. 특히 철저하게 데이터를 통해 인재를 선발하는 구글 같은 기업은 다 알고 있는 내용입니다. 구글의 라즐로 복Laszlo Bock 전 인사 담당 부사장은 『뉴욕타임스』와의 인터뷰에서 "학벌이나 자격증은 업무 능력과 전혀 상관이 없다. 향후 고졸 인력 채용을 늘리겠다"라고 말했습니다. 일류대 졸업생은 오히려 지적 겸손과 수용성이 부족해 잘못이나 실패를 했을 때 자기 반성보다는 남 탓을 먼저 하는 경향이 있다는 지적도 했습니다.

좋은 대학을 나오면 인지 능력이 더 뛰어날 수도 있습니다. 그런데도 왜 일하는 능력과는 상관이 없다고 할까요? 왜 좋은 학벌이 오히려 불리하다고 할까요? 역으로 한번 생각해 보세요. 여러분이 조직의 리더라면 어떤 사람에게 기회를 주고 싶은지 분명해질 겁니다. 성적이 좋고 학벌이 높은 사람일까요, 긍정적이고 열정적이며 헌신적인 사람일까요?

『하버드 비즈니스 리뷰』에 실린 한 논문에서도 "영업 부서의 신입사원은 6개월만 지나도 경력사원과 업무 성과에서 거의 차이가 나지 않는다"라고 결론을 내렸습니다. 경력이 일을 잘하는 능력과 크게 상관이 없다는 의미겠죠. 또 고졸과 대졸의 학력 차이도 성과에 거의 영향을 주지 않는다고 합니다. 일을 잘하고 성과를 잘 내는 능력이 경력이나 학력과 상관이 없다는 것은 성과를 만들어 내는 역량이 따로 있다는 의미일 것입니다.

일반 기업에서는 채용을 할 때 지원자로부터 자기소개서를 받습니다. 자기소개서를 두고 '자소설'이라고도 합니다. 글을 잘 쓴다고 일을 잘하는 것은 아니겠죠. 결론적으로 채용에서 중요하게 생각하는 스펙과 지식은 일 잘하는 능력을 보장하지 않습니다. 학력이나 경력도 그 사람의 성과 능력과 관계가 없고요. 무엇보다 중요한 것은 인적성 검사나 면접으로는 결코 인재를 판별할 수 없다는 것입니다.

현재 저희 회사에서는 채용할 때 대면 면접도 보지 않습니다. 많은 분이 놀라워합니다. 면접을 안 보고 사람을 뽑는다는 것은 맞선도 안 보고 결혼한다는 이야기니까요. 그런데 인상이 좋다고 해서 성격이 좋은 것도 아니고 좋은 성과를 보장하는 것도 아니거든요. 더구나 우리는 사람인 이상 편향과 편견에서 자유롭지 못합니다. 대면 면접이라는 선발 도구에 관한 지금까지의 연구 결과를 보면 하나같이 신뢰할 수 없는 수준의 낮은 상관도를 보여 줍니다.

신경과학적 진실은 사람이 지닌 역량을 면접으로는 확인할 수 없다는 것입니다. 역량은 눈에 보이지 않습니다. 역량은 우리의 감각이 미치지 않는 비인지 영역, 무의식 영역에서 만들어지기 때문이에요. 그래서 진짜 스펙이라고 할 수 있는 역량은 면접을 통해 확인할 수가 없습니다. 이것이 저희가 역검을 개발한 이유입니다. 사람의 눈으로는 내면의 본질적 역량을 알 수 없으니 과학의 눈을 빌려서 사람의 무의식적인 반응을 읽어 내겠다는 것입니다. 과학이라는 렌즈를 통해 사람의 마음과 역량을 보고 인재 선발에 활용하기 위해 역검을 개발했습니다. 역검은 AI 면접이 아닙니다. 생물학과 신경과학으로 설계된 역량에 관한 알고리즘입니다.

그럼 얼마나 신뢰할 만할까요? 미국 노동부에서 인재 채용에 활용되는 검사에 대한 가이드를 상관도를 기준으로 제시하고 있는데, '실제 채용에 활용해도 좋다고 할 만한 기준이 되는' 상관도는 0.2입니다. 이 기준에 따르면 상관도가 0.35 이상이면 매우 유용하고, 0.11

이하이면 선발 도구로 활용할 수 없습니다.

그럼 상관도가 0.2라면 어느 정도 수준일까요? 도로에 차가 많으면 교통사고가 날 확률이 높아지겠죠? 이 경우의 상관도가 0.2입니다. 부모와 자식의 키 상관도는 0.5 정도입니다. 그렇다면 일반적으로 기업에서 선발 기준과 도구로 활용하는 출신 학교, 학점, 자격증, 영어 점수, 인적성 검사, 면접의 상관도는 어느 정도일까요? 상식과는 다르게 모두 0.11 이하였습니다. 통계적으로 유의미하지 않을 뿐 아니라 선발 도구로서의 유용성과 가치가 매우 낮다는 것이죠. 결국 우리가 학벌이나 스펙, 그리고 면접을 보고 사람을 뽑는다는 것은 이력서들을 쌓아 놓고 선풍기를 돌려서 멀리 날아가는 순으로 뽑는 것과 그리 다르지 않습니다.

역검의 상관도는 0.51 정도입니다. 상당히 높은 수치입니다. 역검의 예측률이 이렇게 높은 이유는 생물학과 신경과학 연구 논문 500편 이상의 메타분석을 통한 알고리즘과 AI의 머신러닝, 그리고 역검을 사용하는 고객사의 인사평가 결과와 상호 검증하여 추출한 것이기 때문입니다. 고성과자를 선별하는 예측 정확도로 환산해 보면 84퍼센트, 고위험군을 선별하는 경우는 78퍼센트 정도입니다. 이러한 역검을 우리나라 기업에서는 얼마나 많이 활용하고 있을까요? 우리나라에 300명 이상 근무하는 기업과 기관이 약 3000개 사 정도입니다. 그 가운데 25퍼센트의 기업이 채용과 인재 선발에 역검을 활용하고 있으며, 그 숫자가 빠르게 늘어나고 있습니다. 현재 AI 면접과 역량검사 시장에서 역검의 점유율은 95퍼센트에 이릅니다.

'잡다'라는 역량 기반 인재 매칭 플랫폼도 준비하고 있습니다. 잡다 플랫폼은 역량을 기준으로 인재와 기업을 매칭하는 서비스를 제공합니다. 취준생이 잡다 플랫폼에서 역검 결과를 포함한 기본적인 인재 정보를 입력하고, 기업이 채용 정보와 기업 문화를 등록합니다. 그럼 바로 그날 AI가 지원자에게는 적합한 기업을, 기업에게는 최적의 인재를 추천합니다. 이처럼 합리적인 과학적 근거를 기반으로 좋은 기업과 좋은 인재를 연결하는 잡다 플랫폼을 통해서 세상을 바꾸려고 합니다. 어떻게 바꿀까요?

잡다 플랫폼에서 취업을 위해 검사하는 역검은 학벌이나 학력을 보지 않습니다. 성적도 보지 않습니다. 저희는 내년에 10만 명, 다음 해에는 20만 명, 내후년에는 50만 명 정도를 매칭하겠다는 계획을 세우고 있습니다. 50만 명이면 대한민국 대졸 신입 지원자 수와 같습니다. 만약 3년 후 저희 계획대로 된다면 대졸 신입은 모두 잡다 플랫폼을 통해 취업을 하게 될 것입니다. 그럼 무슨 일이 벌어질까요? 취업하는 데 출신 대학이나 시험 성적이 중요하지 않으니 대학이 바뀌게 될 것입니다. 대학이 바뀌면 고등학교도 바뀌고, 중학교도 바뀌겠죠.

저희는 이렇게 역검을 통해서 채용 문화만 바꾸는 것이 아니라 모든 학교에서 역량 기반의 교육을 하도록 대한민국의 교육 혁명을 해 보려고 합니다. 그래서 아이도 부모도 교사도 행복한 사회, 모두에게 공평한 기회가 주어지고 공정한 분배와 평가가 일어나는 평등한 세상, 우리가 꿈꾸는 역량 기반의 사람 중심 사회를 열어 보려고 합니다.

왜 저희가 이런 이야기를 할까요? 왜 교육에 많은 관심을 갖게 되었을까요? 우리는 모두 행복한 삶을 살길 원합니다. 교육도 결국엔 행복해지기 위해서 하는 것이잖아요. 우리는 언제 행복할까요? 앞에서도 말했지만 우리는 환경과 긍정적인 상호작용을 할 때 행복합니다. 행복한 삶을 위해선 상호작용의 기술이 탁월해야 합니다. 그 기술의 핵심이 성장 과정에서 형성되는 역량입니다. 그래서 교육이 역량 기반으로 바뀌어야 합니다. 우리의 교육과정은 지식을 학습하는 과정이 아니라 행복을 위한 기반 역량을 강화하는 과정이어야 합니다. 성장기 양육도 역량 중심으로 이뤄져야 합니다. 성장기가 역량을 강화할 절대적 시기이기 때문입니다. 지식은 언제든 학습을 통해 습득할 수 있지만 역량은 성장기에만 강화할 수 있습니다. 이것이 저희가 교육에 관심을 갖는 이유이고, 역량에 초점을 맞춰서 교육과 채용을 연구하고 솔루션을 개발하는 이유입니다.

우리가 살면서 하게 되는 수많은 체험과 경험에 의한 기억으로 역량이 만들어집니다. 그 역량으로 성공 경험을 하고, 그 성공 경험을 자양분으로 우리는 성장합니다. 그리고 그 과정에서 만나는 역경과 시련이 우리를 더 강하게 만들어 줍니다. 그러니 우리 아이가 넘어지더라도 달려가 일으키지 말고 스스로 일어나도록 해야 합니다. 교육은 우리 속에 있는 자연과 환경이 만들어 놓은 결이 잘 드러나도록 돕는 것이 아닐까 합니다.

마지막으로 저는 교육에 대해서 이야기할 때마다 칼릴 지브란의 「아이들에 대하여」라는 시의 구절을 되뇝니다.

> 그대의 아이는 그대의 아이가 아니다.
> 아이들은 스스로 자신의 삶을 갈망하는 큰 생명의 아들딸이니
> 그들은 그대를 거쳐서 왔을 뿐 그대로부터 온 것이 아니다.
> 또 그들이 그대와 함께 있을지라도 그대의 소유가 아닌 것을
> 그대는 아이에게 사랑을 줄 수 있으나,
> 그대의 생각까지 주려고 하지 말라.
> 아이들에게는 아이들의 생각이 있으므로.

통찰과 표현이 탁월한 시입니다. 아이는 우리 아이가 아닙니다. 내 아이가 아닙니다. 사회의 아이입니다. 세상이 낳은 아이입니다. 그저 내 몸을 빌려 나왔을 뿐이죠. 그렇다면 내가 원하는 대로 키워야 할까요? 아니면 사회가 바라는 대로 키워야 할까요?

『중용』 제1장은 교육의 본질을 제대로 이야기하고 있습니다.

천명지위성天命之謂性, **하늘이 내린 것을 성**性**이라고 한다.**

솔성지위도率性之謂道, **그 성을 따르는 것을 도**道**라고 한다.**

수도지위교修道之謂教, **그 도를 닦는 것을 교육**教**이라고 한다.**

『중용』이 전하는 것은 지금 우리의 교육과는 전혀 다른 모습입니다. 이제 우리 교육도 자연의 결대로 사람을 키우는 방향으로 나아가야 합니다. 자연 속에서 진달래는 진달래대로 가장 예쁘게, 개나리는 개나리대로 가장 아름답게 피어나듯 우리 아이들도 스스로 피어날 수 있도록 돕는 것이 진정한 교육이라고 생각합니다.

사회자

▸ 회장님은 교육의 봄이 오고 있다고 말씀하셨는데요. 마이다스아이티가 개발한 인재 선발의 새로운 솔루션인 역검의 정확도, 인재 판별의 정확도를 말씀하시면서, 이 솔루션을 사용하는 기업들이 많아지면 인재의 새로운 채용 방식이 보편화될 것이고 그렇게 되면 대학과 초·중·고 교육에도 큰 영향을 주어, 사람의 능력과는 무관한 요소들이 우리 교육계에 설 자리가 없어질 것이라고 진단하셨습니다.

그렇다면 지금 기술의 발달과 채용 영역에서 역검을 사용하는 기업들의 확산 속도를 감안할 때, 학벌을 넘어서는 채용 방식이 기업에서 완전히 자리를 잡기까지는 얼마나 시간이 걸릴까요?

이형우

▸ 인생은 '자신×세상'입니다. 기업의 성과는 '기업×시장'입니다. 교육의 봄이 반드시 올 거라고 생각합니다. 단지 시간 문제일 뿐이죠. 역검이라는 솔루션과 이론을 마이다스아이티라는 회사에서 만들기는 했지만 이것이 보편화되고 전면화되는 데는 그리 오래 걸리

지 않을 것입니다. 이제 우리 사회가 역량과 관련해 오해와 안개를 걷어 낼 때가 되었습니다. 요즘 신경과학과 생물학 등이 드라마틱하게 발전하고 있어요. 저희가 이것을 조금 앞서 정리했을 뿐 곧 교육, 경영, 사회, 문화 전반에 걸쳐 과학 혁명의 큰 패러다임이 열릴 것입니다.

일반적으로 기업에서 채용을 하려면 먼저 채용 포털에 구인 광고를 올립니다. 그리고 1개월이나 2개월 정도 지나서 지원자가 있으면 채용을 시작합니다. 대기업의 경우는 1개월 정도 지나면 상당히 많은 지원자가 모입니다. 반면에 중소기업은 지원자가 적습니다. '잡다'라는 플랫폼은 역검으로 구인을 원하는 회사와 가장 높은 적합성을 가진 구직자를 찾아줄 뿐만 아니라 이미 수십만의 구직자 DB를 구축해서 그 안에서 인재를 찾아주게 되므로 기다릴 이유가 없습니다. 말 그대로 '인재 배달의 시대'가 열리게 되는 것입니다. 기업에서 오늘 이런 사람을 뽑고 싶다고 '잡다'에 등록하면 그다음 날 '이런 인재 어떠세요?'라며 인재들을 매칭시켜 줍니다.

저희 계획대로 된다면 내년 10만, 다음 해 20만, 내후년 50만이 될 것입니다. 이렇게 본다면 대학생들이 채용의 봄을 맞기까지 3년 정도밖에 남지 않았습니다. 그렇다면 채용의 봄 다음에는 교육의 봄도 바로 따라올 수밖에 없지 않겠습니까?

사회자

▸ 저희도 그런 노력을 하기 위해 시작된 조직입니다만, 그런 의미에서 마이다스아이티의 노력은 매우 의미 있다고 할 것입니다.

질문자

▸ 회장님이 지금의 마이다스아이티라는 큰 기업을 이루는 데 있어 부모님으로부터 받은 유형, 무형의 자산이 있지 않을까 생각합니다. 회장님이 어렸을 때 부모님으로부터 가장 많이 들었던 말은 무엇인가요?

이형우

▸ 아무래도 자식은 아버지보다는 어머니와 많은 시간을 보내게 마련입니다. 저도 그랬는데, 어머니는 항상 저에게 좋은 대학 가라고 말씀하셨습니다. 제가 원하시는 대학을 못 가게 되자 어머니는 한 달을 몸져누우셨어요.

사람이 가진 에너지의 본질은 저항인 것 같습니다. 저항하고자 하는 마음이 강력한 에너지로 나타나는 것이죠. 성공한 사람들의 상당수는 어린 시절에 결핍을 먹고 자라는 것 같습니다. 그 결핍만 가지고 있으면 파괴적 에너지로 작동할 가능성이 높습니다. 그런데 그 파괴적 에너지를 친사회적, 순기능적으로 바꾸어 주는 힘은 어머니의 사랑이라고 생각합니다.

어머니와 자아와 사회는 내 안에 비슷하게 자리 잡고 있습니다. 그래서 구분이 잘 안 돼요. 누군가 내가 지지하는 정당을 욕하면 바로 화가 나는 것도 그게 자아와 어머니와 내 정체성과 사회관이 같은 쪽 기억으로 자리 잡았기 때문입니다. 그래서 적절한 결핍은 나중에 그 사람이 더 좋은 삶을 사는 데 도움이 될 것입니다. 다만, 그 에너지가 바람직한 방향으로 뿜어져 나와야겠죠. 그 바람직한 방향이라는 게 결국 사랑일 겁니다. 사람에 대한 사랑. 어머니는 저에게 그 사랑을 많이 주셨습니다.

질문자

▸ 살아오면서 힘든 시간도 많으셨을 텐데요. 그때마다 자신을 잡아준 글귀 같은 것이 있을까요?

이형우

▸ 회사를 설립할 때 존경하는 분이 저에게 준 시가 있습니다. 신영복 선생님의 〈떨리는 지남철〉이라는 시입니다.

'북극을 가리키는 지남철은 무엇이 두려운지/ 항상 그 바늘 끝을 떨고 있다./ 여윈 바늘 끝이 떨고 있는 한 그 지남철은/ 자기에게 지니워진 사명을 완수하려는 의사를/ 잊지 않고 있음이 분명하며/ 바늘이 가리키는 방향을 믿어도 좋다./ 만일 그 바늘 끝이 불안스러워 보이는 전율을 멈추고/ 어느 한쪽에 고정될 때/ 우리는 그것을 버려야 한다./ 이미 지남철이 아니기 때문이다.'

내용을 요약하면 '죽을 때까지 떨어라. 철들지 말고. 그 바늘이 멈추는 날, 너는 이미 죽은 목숨일 것이다'라고 할 수 있습니다. 그래서 평생 철들지 않겠다는 게 저의 좌우명이기도 합니다.

사회자

▸ 우리 모두에게 공감을 불러일으키는 시인 것 같습니다. 철이 든다는 것은 감수성이나 예민함, 순수함 등이 사라지는 것일 수도 있는데, 나이가 들어서도 여전히 그 예민함과 순수함을 지니고 사물의 본질을 꿰뚫고자 하는 회장님의 그런 마음이 이 시와 연결되어 있는 것 같습니다.

회장님은 이공계 계열 전공이신데 오늘 강연을 들어 보니 이공계적인 분석 능력과 사물의 본질을 과학적으로 규명하고자 하는 집요함과 아울러 인문학과 문학에 대한 관심도 깊은 것 같습니다. 즉, 전공을 넘나드는 융합적 특성이 보입니다. 지난 시절의 전공 선택에 대해서는 어떻게 생각하시는지요?

이형우

▸ 젊은 시절에는 제게 선택의 여지가 많지 않았습니다. 그저 제게

주어진 삶을 열심히 살아왔을 뿐이죠. 마이다스아이티를 설립하고 경영을 하면서 사람들과 피할 수 없는 상황을 여러 번 직면했습니다. 회사 구성원과 고객과 주주들 사이에 첨예하게 이해가 충돌되는 자리가 허다하잖아요. 그래서 사람에 대한 고민을 많이 했습니다.

저는 책을 다독하는 편은 아닙니다. 한 책을 여러 번 읽습니다. 어떤 책은 100번을 읽기도 합니다. 그렇게 책을 여러 번 읽으면서 저자와 만나면 그 저자가 이 페이지를 쓸 때 어떤 마음이었는지를 느낄 수 있을 것 같습니다. 그리고 어떤 특정 분야의 지식을 얻으려고 하지는 않습니다. 다만, 인간을 더 명징하게 알 수 있는 책이라면 그게 『논어』든 『중용』이든 자연과학 서적이든 성경이든 불경이든 가리지 않고 읽습니다. 저는 제가 인문학적 소양이 있다고 생각하지는 않습니다. 그런데 재미있는 것은 강연을 하고 나면 목사님은 저에게 와서 '형제님'이라고 부르시고, 스님은 '보살님'이라고 하시고, 과학자들은 무신론자가 아닌가 물어봅니다.

질문자

▸ 고등학교 졸업자도 마이다스아이티에 입사가 가능한지요?

이형우

▸ 저희는 고졸 출신을 환영합니다. 저희는 소프트웨어를 개발하는

회사로 소프트웨어 개발자들 중에는 고졸자가 꽤 많습니다. 재미있는 것은 그들이 대졸자보다 더 좋은 성과를 낸다는 것입니다. 저희가 고졸자를 뽑기 시작한 것은 5년 전부터입니다. 제가 그분들을 뽑을 때 반드시 부모님들을 회사에 초청합니다. 그러고는 '제가 이 청년들을 대졸 출신보다 더 멋지게 키울 테니 절대 아이들을 대학 가라고 강요하지 말아 주세요'라고 부탁합니다. 실패한 분들도 더러 있지만, 대다수는 회사에서 열심히 일을 하고 잘 성장하고 있습니다. 대졸 신입사원이 들어오면 나이가 어린 고졸 직원이 리더로서 그들을 가르칩니다. 그리고 저희 회사는 고등학교를 졸업하고 2년 정도 지나면 대졸 출신과 똑같은 대우를 합니다. 그러니 고졸자는 대학을 나온 친구보다 7~8년 더 빨리 사회에 나오는 것이죠.

물론 어려움도 있습니다. 우리나라에서 대학 생활은 삶을 매만지는 기간이라고 생각합니다. 이런저런 사람도 만나고 좌충우돌도 하고 고민도 하면서 사회적 상호작용을 통해 사람의 형태가 정교하게 빚어집니다. 고졸자들은 그런 부분이 부족할 수 있죠. 그래서 지난번에 우리나라 주요 특성화고 교장 선생님들을 모셨는데요, 그 자리에서 사회적 협업 능력을 키우는 커리큘럼을 많이 넣어 주십사 부탁을 드렸습니다.

질문자

▸ 역량을 기를 수 있는 시기를 놓친, 즉 엎질러진 물과 같은 사람에게는 다시는 기회가 오지 않을까요? 만약 기회가 온다면 그들을 위한 역량 강화 방법에 대한 조언을 부탁드립니다.

이형우

▸ 사람을 좋게 바꾸는 일은 죽을 때까지 포기할 수 없습니다. 포기해서도 안 되고요. 한 번뿐인 인생이니까요. 역량에는 기반 역량과 역량 기술이 있습니다. 기반 역량은 앞에서 말씀드린 영유아 시기부터 환경과의 상호작용을 통해 만들어지며, 이것은 한번 만들어지면 더 이상 바꾸거나 개발하는 것이 어렵습니다. 마치 커다란 강의 물줄기를 거슬러 헤엄치기 어려운 것처럼 말이죠.

반면에 역량 기술은 반복적인 훈련과 습관을 통해서 학습하고 개발할 수 있습니다. 역량 기술은 다른 의미로 관계적 상호작용을 돕는 관계 기술입니다. 마치 그 역량이 있는 것처럼 페이킹faking하자는 것입니다. 페이킹이란 일종의 부캐라는 가면을 쓰고 의식적이고 의도적으로 생각과 행동을 바꾸어 그것을 습관으로 만드는 과정이자 노력이죠. 관계 기술에는 세 가지 기술이 있습니다. 긍정, 전략, 성찰 기술입니다. 긍정 기술은 다른 사람과의 상호작용을 통해서, 전략 기술은 자신과 일과의 상호작용을 통해서, 그리고 성찰 기술은 자기 자신과의 상호작용을 통해서 개발할 수 있습니다. 이 세 가지 기술만 잘 개발해도 우리는 삶을 훨씬 더 풍성하게 만들 수 있습니다.

결국 페이킹을 통해서 부캐를 키워서 부캐가 본캐가 되는 과정을 만들어 내는 것이죠. 역량 기술은 사회적 상호작용을 키우고 관계를 강화시키는 기술입니다. 저희는 과학적이고 합리적인 연구를 통해서 역량의 개념과 정의를 새롭게 정립한 이론(통합역량모델이론)을 만들고, 영유아, 초·중·고 교육과정에서 실용적인 가치를 제공할 수 있는 교육 프로그램과 솔루션 개발을 준비하고 있습니다. 이를 통해 대한민국 교육을 역량 기반 교육으로 혁명할 수 있는 꿈을 꾸며, 그 길을 여러분과 함께 가고자 합니다.

6

체인지메이커들
: 변화를 이끈 역량은 무엇인가

이혜영 | 아쇼카 한국 대표

체인지메이커로서의 역량이 누구에게 필요할까요?
특히 자라나는 세대에게 필요합니다.
이 역량은 하루아침에 뚝딱 길러지는 게 아니기 때문입니다.
그리고 이 시대를 살아가는 누구에게나 평생에 걸쳐서 필요한 역량이기 때문에
어려서부터 기를수록 좋습니다.

이번 강연 주제는 '체인지메이커들: 변화를 이끈 역량은 무엇인가'입니다. 이제 아쇼카라는 조직과 '체인지메이커'라는 단어는 동전의 양면과 같습니다. 떼려야 뗄 수 없는 사이가 되었다는 말이죠. 체인지메이커는 어떤 의미일까요? 체인지메이커ChangeMaker는 체인지change와 메이커maker의 합성어로 '변화를 만드는 사람'이라는 뜻입니다. 아쇼카에서 처음 만든 개념으로 지금은 우리나라를 비롯하여 전 세계에서 사용하고 있습니다.

1980년 저희 조직이 설립된 이래 40여 년간 체인지메이커들을 지켜보면서 그들에게서 어떤 특징을 발견하게 되었는지, 체인지메이커와 교육은 어떤 관계가 있는지를 살펴보고자 합니다. 아울러 빠르게 변화하는 시대에는 어떤 역량이 필요한지도 알아보겠습니다.

'우리 모두가 체인지메이커입니다'

먼저 '아쇼카Ashoka'라는 단체에 대해서 말씀드리겠습니다. 일본 단체가 아니냐 하는 이야기를 종종 듣는데, 아닙니다. 사실 아쇼카의 어원은 인도에서 왔습니다. 아쇼카는 산스크리트어로 '슬픔을 적극적으로 사라지게 하다'라는 뜻입니다. 역사적으로는 기원전 3세기에 한국으로 보면 세종대왕 같은 분, 인도 최초의 통일 왕국을 세워서 불교를 보호하고 복지의 혁신을 일으켰던 왕의 이름이기도 합니다. 아쇼카 본사는 미국에 있고, 사회적 기업가를 지원하는 비영리 단체입니다. 저는 2013년부터 한국 법인의 대표를 맡고 있습니다.

'체인지메이커'라는 단어를 아직 모르는 분들도 많을 것입니다. 그리고 저희가 왜 교육에 관심을 갖는지, 체인지메이커와 교육은 어떤 관계가 있는지 궁금하실 수도 있습니다. '체인지메이커 교육'이라는 용어까지 쓰이기 시작했으니까요. 2021년 1월에 서울시교육청에서 서울시 교사들을 대상으로 배포한 「체인지메이커 교육 여정 안내서」에서 체인지메이커를 상세하게 소개하고 있습니다. 우리나라 교육계에서도 관심을 갖기 시작한 것이죠. 2022년 2월에는 초등학교 5·6학년용 교과서(『미래를 여는 체인지메이커』)가 나왔습니다. 아마 전 세계에서 최초일 것입니다. 저희가 만들어 달라고 한 것이 아니라, 뜻 있는 교사와 교육청 관계자들이 몇 년에 걸쳐 공부하고 자료를 수집해서 내놓은 결과물입니다.

제주도의 어느 중학교 교실 한쪽 면에 'Everyone a Change Maker'라는 글귀가 쓰여 있습니다. 우리말로는 '우리 모두가 체인지메이커입니다'라는 뜻입니다. 이렇게 체인지메이커라는 개념이 서울과 경기도에 이어 제주도까지 많은 곳에서 바람을 일으키고 있습니다.

이런 변화는 우연히 일어난 게 아닙니다. 앞에서 아쇼카라는 조직과 체인지메이커란 단어는 동전의 양면 같다고 했잖아요. 어떻게 보면 아쇼카라는 조직이 없었다면 지금 우리나라 교육에서의 그런 의미 있는 변화가 일어나지 않았을지도 모릅니다. 일종의 나비 효과라고 할 수 있습니다. 아쇼카가 우리 사회에 필요한 교육의 변화, 교육 혁신에 어떤 인사이트를 제공할 수 있는지를 알기 위해서는 저희 조직에 대해 자세히 살펴볼 필요가 있습니다.

공공 영역에 비즈니스 개념을 도입하다

아쇼카의 정식 명칭은 'Innovators for the Public'입니다. 공공을 위한, 대중을 위한 혁신가, 이노베이터라는 뜻입니다. 혁신가는 사회적 기업가social entrepreneur라고도 합니다. 사실 체인지메이커라는 단어를 지금은 대중적으로 사용하고 있지만 처음에는 특정 체인지메이커가 있다고 생각했습니다. 기업가적인 사람인데 그 기업가적인 능력과 역량을 사회 문제를 해결하는 데 쏟는 사람 말이죠. 이 두 단어를 합친 사회적 기업가라는 말을 아쇼카의 설립자 빌 드레이튼Bill Drayton이 처음 사용했습니다. 이것을 우리나라에서는 '사회혁신가' '사회적 기업가' '사회혁신 기업가' 등으로 번역하고 있습니다.

빌 드레이튼은 사회적 기업가를 다음과 같이 정리했습니다. '배가 고픈 사람한테 당장은 물고기를 주는 게 필요하다. 나중에 스스로 잡아 먹을 수 있도록 물고기 잡는 법을 가르칠 수도 있다. 그러나 거기서 멈추어서는 안 된다. 물고기를 잡는 것과 관련한 정부의 어업 정책이나 기후 변화, 환경 오염 등을 총체적으로 바라보면서 업 자체를 변화시켜야 한다. 그리고 그런 일을 하는 사람들이 있다. 세계 곳곳에 그런 사람들이 있을 텐데 그들의 존재를 잘 모른다. 우리 사회가 그들을 좀 더 지지하고 도와주어야 한다.'

그래서 그는 그런 사람들을 직접 찾아 나서서 지원하고, 또 그들이 전 세계에 흩어져 있다면 하나로 연결하는 거대한 글로벌 네트워크를 상상했습니다. 놀랍지 않으세요? 인터넷도 없던 시절에 사람으로 이루어진 글로벌 네트워크를 꿈꿨다는 것이 말이에요. 누구나 그런 상상은 할 수 있습니다. 아이디어는 낼 수 있어요. 물론 아이디어를 내는 것도 쉬운 일은 아닙니다. 하지만 생각한 것을 현실에서 그대로 구현해 내기 위해서는 지난한 과정을 거쳐야 합니다. 그래서 선택한 모델이 사회적 기업가입니다.

원래 기업가entrepreneur는 기업에서 나온 말입니다. 어떤 업의 판도를 바꾸는 사람들. 기존에 있던 걸 혁신해서 사람들의 생활방식을 완전히 바꾼다든지 근본을 흔드는 사람이 기업가입니다. 저희는 사회적 기업가라는 용어를 사용한다고 말씀드렸잖아요. 실제로 비즈니스 섹터에서 빌려 온 개념입니다. 투자라는 개념도 마찬가지입니다. 앞으로 잘될 만한 것을 발굴해서 미리 투자하여 그게 더 가치를 배가하고 아주 성공을 거두고 요즘 말로 하면 유니콘까지 갈 수 있는 부분이 존재합니다. 비즈니스에서는 수익이라는 눈에 보이는 명확한 것이 있기 때문에 가능한 구조입니다.

그렇다면 공공 부문은 어떨까요? 사회 문제를 해결하는 데도 창의성과 혁신이 필요한데 그런 아이디어를 내면 누가 투자해 주나요? 그리고 그 아이디어를 발전시키고 확장하는 것은 누가 투자해 주나요? 아무도 투자해 주는 곳이 없습니다. 알아서 하게 두거나 '좋은 일 하네'라며 지나칩니다. 이런 상황에서는 누군가가 헌신해야 합니다. 거기에 평생을 바쳐야 하는 것이죠. 저희 조직의 창업자는 그것을 불균형하다고 본 것입니다. 그래서 공공 부문에서도 사회를 바꿀 수 있고 세상의 문제를 획기적으로 해결할 수 있는 아이디어를 가지고 있는 사람들을 찾아내서 투자해 주자는 것이죠.

아쇼카에서는 펠로우fellow를 발굴하고 선정합니다. 일단 펠로우가 되면 3년간 생계비를 지원합니다. 그 기간 동안 자신의 비전을 실현하는 데 온전히 전념하게 하기 위해서입니다. 지원 비용은 개인에 따라 다릅니다. 그리고 어디에 사용했는지 영수증은 따로 요구하지 않습니다. 이미 인터뷰 과정에서 재정 상황을 모두 공개해서 어디에 사용할지 알고 있고, 또 펠로우를 신뢰하기 때문입니다.

여기에 그치지 않습니다. 펠로우가 그 활동을 계속 확산시키기 위해 필요한 투자자나 기업 등을 연결해 줍니다. 더 나아가 자신과 같은 사회혁신가로서의 정체성을 가진 사람이 혼자만이 아니라 한국에도 미국에도 프랑스에도 방글라데시에도 인도에도 있다는 것을 알게 해 줍니다. 전 세계적으로 자신과 같은 사회혁신가라고 하는 정체성을 가진 사람들의 커뮤니티가 있다는 걸 알게 됐을 때 느끼는 소속감이나 위로는 매우 크다고 합니다.

저희가 펠로우로 선정된 분들에게 지원하는 돈은 어디서 올까요? 저희는 비영리 조직이고 기부나 후원을 통해서 운영됩니다. 사회 문제를 혁신적으로 해결하는 사람들이 얼마나 소중한지 그 가치를 아는 기업의 리더나 자산가들이 기부를 합니다. 그럼 저희는 그 돈을 사회적으로 의미 있고 임팩트 있게 쓰일 수 있는 일을 하는 사람을 찾아 전달합니다.

아쇼카 펠로우를 선정하는 다섯 가지 기준

그렇다면 펠로우는 어떻게 선정할까요? 지원 금액이 큰 만큼 선정 기준 또한 까다롭습니다. 저희가 펠로우를 선정하는 기준은 지난

40년간 거의 변하지 않았고, 이 기준을 바탕으로 선진국과 개발도상국을 막론하고 전 세계 90개가 넘는 나라에서 사회혁신가들을 발굴하고 있습니다. 다음은 저희가 펠로우를 선정하는 다섯 가지 기준입니다.

첫 번째는 세상을 변화시킬 만한 새로운 아이디어인가를 살펴봅니다. 이것을 통과해야만 나머지 기준들을 봅니다. 그만큼 중요한 기준이라고 할 수 있습니다. 아이디어가 시스템을 바꿀 만큼 새로운 것인가를 살펴보는 것이죠.

그동안 그 문제를 해결하려고 노력한 사람이 왜 없었겠어요? 정부는 물론 단체들도 있었겠죠. 그런데도 여전히 문제가 해결되지 않는 데에는 이유가 있었을 것입니다. 그럼 그 문제를 좀 더 새로운 방식으로 새로운 관점으로 접근해야만 해결될 수 있다고 보고 시스템적 변화까지 가져올 수 있는 잠재력이 있는 새로운 아이디어를 이 사람이 고안해 낸 것인가 그 부분을 매우 중요하게 봅니다. 비즈니스 세계에서는 투자할 때 아이템을 봅니다. 물론 팀도 보고 비즈니스 모델도 보지만 결국은 그 아이디어가 훌륭해야 합니다. 어떤 모델과 아이디어인가. 그런 의미에서 비슷하다고 할 수 있습니다. 이렇게 해서 새로운 아이디어라고 판정되면 다음 네 가지 기준을 충족해야 합니다.

두 번째는 사회적 임팩트입니다. 이 아이디어가 실제로 세상에 나왔을 때 어느 정도 임팩트를 가져올 수 있는가 하는 것입니다. 어느 한 분야나 지역에 머물 것이냐, 아니면 한 국가를 변화시킬 만한 것이냐, 더 나아가 세계적으로 변화를 일으킬 것이냐를 어느 정도 예측해 보는 것이죠.

나머지 기준들은 좀 흥미로운 부분이 있습니다. 앞의 두 가지 기준은 아이디어와 솔루션에 대한 것입니다. 아이디어가 새롭냐, 임팩트가 어느 정도냐를 따지는 것이니까요. 반면에 나머지 기준들은 사람에 대한 것입니다. 세 번째는 기업가적 자질입니다. 이 아이디어를 생각해 내고 실천하려는 사람에게 기업가로서의 자질이 있느냐는 것입니다. 자신이 이루고자 하는 목표를 끝까지 추진할 수 있는 자질이 있는가를 살펴보는 것이죠. 오랜 시간 인터뷰를 해 보면 어느 정도 가늠할 수 있습니다. 네 번째는 창의성입니다. 더 나은 미래를 현실로 만들기 위해 얼마나 창의적인가를 봅니다. 다섯 번째는 윤리적 소양입니다. 사회 체제를 변화시킬 만한 리더로서의 윤리적 소양을 갖추었느냐를 보는 것이죠.

이 세 가지는 사람 자체를 봐야만 알 수 있는 요소들입니다. 그래서 인터뷰를 길게 합니다. 보통 아침에 시작하면 두세 시간 인터뷰를 해도 중학교 시절까지의 이야기밖에 못 합니다. 그래서 점심 먹고 와서 고등학교 때 이야기를 시작합니다. 그 정도로 저희는 사람에게 집중합니다. 그가 왜 이런 길을 걸어오게 되었는지, 왜 이 문제에 천착하게 되었는지, 왜 이 문제를 자신이 해결해야 한다고 생각하는지, 앞으로 어느 정도까지 하려는지 등을 알려면 이렇게 해야 합니다. 저희는 예언가가 아니니까요. 이렇게 오랜 시간 얼굴을 맞대고 이야기를 나누어도 10년 후에 잘하고 있을지 그렇지 않을지 어떻게 알겠어요? 알 수 있는 사실상 유일한 방법은 그가 지금까지 어떤 삶을 살아왔는지를 통해서 패턴을 그려 보고 그것으로 미래를 예측해 보는 것입니다.

창의적인 부분도 마찬가지입니다. 어린 시절부터 성장기, 직장생활을 할 때 어떤 어려움에 맞닥뜨렸는지, 그 어려움 앞에서 주저앉거나 포기하는 게 아니라 어떻게 그걸 창의적으로 뛰어넘었는지를 과거의 경험을 통해 살펴봅니다. 윤리적인 소양도 과연 많은 사람들이 따를 것인지, 신뢰할 수 있을 것인지, 남몰래 사익을 추구하고 있는 것은 아닌지 등을 최선을 다해서 파악하려고 합니다.

첫 펠로우는 인도의 초등학교 선생님

위의 다섯 가지 기준에 따라서 지난 40여 년간 전 세계에서 아쇼카 펠로우들을 선정해 왔습니다. 그리고 2020년대에 들어오면서 교육과의 연결고리가 생겨나기 시작했습니다.

1981년에 인도에서 첫 펠로우가 나왔습니다. 글로리아 데 소우자Gloria de Souza라는 초등학교 선생님이었어요. 저는 개인적으로 첫 펠로우가 교육 분야에서 나왔다는 게 매우 의미 있다고 생각합니다. 인도는 오랜 기간 영국으로부터 식민 지배를 받았는데, 그녀가 교사로 일하던 당시에도 여전히 그 잔재가 많이 남아 있었습니다. 그녀는 새로운 교육을 할 수 있다고 믿었습니다. 처음에는 '쌍방향 열린 교육방법'을 도입하고자 했지만 쉽지 않았습니다. 그래서 자신이 할 수 있는 일부터 해야겠다고 마음먹었습니다.

예를 들어 초등학교 음악 시간에 배우는 노래 가사 속에 등장하는 새는 인도 아이들이 한 번도 본 적이 없는 새였습니다. 그러니까 자신들은 한 번도 본 적이 없는 서양의 어느 새 이름을 계속 따라 부르기만 했던 것입니다. 다른 선생님들은 그것을 별다른 문제의식 없이 가르치고 있었고요. 그래서 과거 식민 통치 교육이 여전히 존재하는 교육에 대해서 문제의식을 느끼고 아이들 중심의 교육을 해야겠다고 생각하고 실천으로 옮겼습니다.

인도에서 첫 펠로우가 나온 이후 인도네시아, 아프리카, 라틴아메리카, 북아메리카, 서유럽 등에서도 펠로우가 나왔습니다. 우리나라를 비롯한 동아시아는 비교적 최근에 펠로우를 선정했습니다. 아쇼카 한국 지부가 10여 년 전에 설립됐으니까요.

그렇게 해서 지금까지 4000여 명의 펠로우가 선정되었습니다. 인종, 피부색, 배경, 나이 등이 다양합니다. 그중에서 3명은 노벨 평화상을 수상했습니다. 먼저 무함마드 유누스는 소액 신용 대출인 마이크로크레디트micro-credit라고 하는 새로운 개념의 은행을 만든 사람입니다. 그는 자신이 살고 있는 방글라데시 어느 작은 마을의 가난한 여성들 5명에게 돈을 빌려 주는 것에서부터 시작했습니다. 그게 그라민은행이 되고 이 은행이 성공을 거두면서 가난한 사람들도 돈을 빌릴 수 있다는, 과거에는 어떻게 뭘 믿고 가난한 사람에게 돈을 빌려 줘? 그건 비즈니스에서는 말이 안 되는 일이었거든요. 그게 아니라는 것을 증명한 것을 넘어서 절대빈곤을 해결하는 데 큰 역할을 했습니다. 이후 마이크로크레디트는 개발도상국은 물론 미국을 비롯한 선진국에도 진출했고, UN이 '마이크로크레디트의 해'로 지정할 만큼 세계적인 관심을 받았습니다.

다음 노벨 평화상 수상자는 제리 화이트Jerry White와 그가 공동으로 이끌었던 국제지뢰금지운동입니다. 제리 화이트는 미국인으로 20세에 예루살렘으로 성지순례를 갔다가 지뢰를 밟았습니다. 순식간에 20대 청년의 무릎 아래가 날아갔습니다. 처음에는 얼마나 절망했겠어요. 그런데 가만 생각해 보니까 이게 내 잘못이 아닌데 왜 평생 피해자로 살아야 하나 하는 생각이 들었다고 합니다. 그래서 '피해자'가 아니라 '생존자'라고 당당하게 외쳤어요. 이런 경험을 많은 사람들이 하지는 않잖아요. 사실 불행한 경험이니까. 그는 이런 고난을, 엄청난 트라우마를 이겨 내고 살아남은 사람만이 이 세상에 줄 수 있는 가치가 있을 것이라고 믿고 단체를 설립했습니다. 전 세계적으로 대인지뢰가 어린아이를 포함해서 얼마나 많은 사람들의 삶을 파괴하고 있는지, 전쟁이나 국가안보를 위한 필요악으로 볼 게 아니라 이것을 금지하기 위한 전 세계적인 연대가 필요하다고 생각해서 대인지뢰 금지를 위한 캠페인을 벌여 국제적 협약까지 이끌어 냈습니다.

마지막으로 비교적 최근에 노벨 평화상을 받은 카일라시 사티아르티Kailash Satyarthi입니다. 아쇼카 한국이 2013년에 설립됐는데 이듬해 이분의 노벨 평화상 수상 소식을 듣고 매우 기뻐했던 기억이 있습니다. 그는 인도의 아동인권 운동가입니다. 지금은 많이 개선되었지만 불과 몇십 년 전만 해도 인도를 비롯한 개발도상국에서는 아동의 노동력 착취가 심각한 사회 문제였습니다. 아이들은 학교가 아니라 공장에 갑니다. 그리고 고사리 같은 손으로 축구공이나 카펫, 성냥갑을 만듭니다. 가족은 물론 기업과 국가도 용인할 수밖에 없었습니다. 그런데 카일라시 사티아르티가 이것을 바꿀 수 있는 창의적인 방법을 생각해 냈습니다.

여러분은 '러그마크Rugmark'라는 단어를 들어 보셨나요? 아동의 노동력을 착취하지 않고 만들어진 러그나 카펫에 붙이는 인증 표시입니다. 지금은 친환경 인증이다 뭐다 해서 인증 표시를 하는 것이 보편화되었고, 여러 산업에서 중요한 홍보 수단으로 사용합니다. 그런데 그가 이 아이디어를 처음 생각한 1970년대 후반과 그 아이디어를 구체화한 1980년대에는 상상할 수도 없었던 일이었습니다.

그는 기업들에 그런 윤리적인 이야기를 꺼낼 수도 없었던 시절에 어떻게 하면 기업들이 스스로 행동을 바꾸게 만들 것인가 고민하다가 러그마크라는 것을 고안해서 제안했습니다. 어떻게 보면 공급 체계를 바꾼 것이라고 할 수 있습니다. 그래서 수많은 아이들을 노동에서 해방시켰습니다. UN에서 아동권리협약을 만들기 전부터 이런 일을 해 왔습니다. 그로 인해 지금은 아이들이 공장이 아니라 학교로 가는 것이 맞다는 것에 모두가 동의하는 세상이 되었습니다.

한국에 교육 분야 펠로우가 많은 이유

이제 드디어 한국으로 넘어왔습니다. 2013년에 첫 아쇼카 펠로우를 선정한 이후 2020년까지 15명의 펠로우를 배출했습니다. 한국의 1호 펠로우는 제주도에 제주 올레길을 만든 서명숙 이사장과 디지털 세상의 공해로부터 아이들을 지키기 위해 노력한 DQ연구소(구 인폴루션 제로) 박유현 대표입니다. 이후 1년에 2~3명의 펠로우를 선정하고 있습니다. 그리고 교육의봄 송인수 대표가 계십니다. 저희가 2015년에 아쇼카 펠로우로 선정할 때는 사교육걱정없는세상을 이끌고 계셨죠. 윤지희 대표와 함께 모시고 싶었으나 배려해 주셔서 송인수 대표를 펠로우로 선정하게 되었습니다.

이렇게 보면 어느 분야의 펠로우가 많은 것 같은가요? 바로 교육 분야입니다. 한국 펠로우들의 특징은 절반 이상이 교육과 관련된 일을 하는 분들이라는 것입니다. 그만큼 우리 사회에서 교육은 매우 시급하고 많은 혁신이 필요한 부분이라고 할 수 있습니다. 또한 실제로 많은 혁신이 일어나고 있는 영역이기도 합니다.

지금까지 펠로우로 선정된 15명 중에 첫 해에 선정된 분이 또 한 분 계십니다. 서명숙 이사장과 박유현 대표와 함께 푸른나무재단(구 청소년폭력예방재단) 김종기 이사장이 아쇼카 시니어 펠로우로 선정되었습니다. 우리나라 교육부에서 학교폭력이라는 단어조차 인정하지 않던 시절에 자신의 아들을 학교폭력으로 잃은 것이 계기가 되어서 이 단체를 만들었습니다. 그 공로를 인정받아 2019년에 아시아의 노벨상이라고 불리는 막사이사이상을 수상했습니다.

해외에서 열심히 활동하는 펠로우도 있습니다. 전 세계의 문맹퇴치를 위해 노력하는 분입니다. 학교를 못 가거나 적절한 교재가 없어서 글도 못 깨치고 셈도 못하면 나머지 인생을 어떻게 살아가야 할까요? 이런 문제를 획기적으로 해결하고자 소프트웨어 경진 대회가 열렸습니다. 우승하면 상금으로 120억 원을 받을 수가 있었습니다. 전기차로 유명한 테슬라의 최고경영자 일론 머스크가 개인 돈을 상금으로 기부한 행사였어요. 거기서 한국 사람이 공동 우승했습니다. 바로 '에누마'의 이수인 대표입니다. 이제 한국만이 아니라 전 세계에서 아쇼카 펠로우들이 활약하는 모습을 볼 수 있습니다.

개인과 사회의 프레임워크 변화가 필요하다

지금까지 아쇼카가 지난 40여 년간 사회혁신가라고 하는 특별한 체인지메이커를 찾아서 선정하고 지원하고 그들이 실제로 세상을 변화시키고 임팩트를 만들어 온 역사를 말씀드렸습니다. 그런데 2005년 무렵쯤 펠로우를 선정하고 지원하는 것도 의미가 있지만 이것만으로는 충분하지 않다고 생각했습니다. 세상이 너무나 빠르게 변하고 있었기 때문이죠. 아쇼카가 문을 열었던 1980년대와 비교하면 지금은 정말 다른 세상입니다. 그때는 아직 냉전도 끝나지 않았고, 개인용 컴퓨터도 없었으며, 인터넷도 지금처럼 모바일 AI 같은 건 일반인은 상상할 수 없었던 시대였으니까요. 그러다 2000년대로 넘어오면서 세상이 급격하게 바뀌었습니다. 여기에 기술이 가져온 혁신으로 인해서 우리 삶이, 일상이 너무 많이 바뀌었기 때문에 플러스 알파가 필요하다고 생각했습니다.

그렇게 해서 시작한 것이 지금 아쇼카가 전 세계적으로 벌이고 있는 '모든 사람이 체인지메이커다Everyone a ChangeMaker'라는 운동입니다. 새로운 가치를 세상에 제시하기 시작한 것이죠. 앞에서 펠로우를 선정할 때 그가 시스템적 변화를 얼마나 가져올 수 있는지를 중요하게 본다고 말씀드렸잖아요. 여기서 시스템적 변화는 어떤 법이 만들어지는 차원이 아닙니다. 세상을 바라보는 우리의 관점이 바뀌거나 마인드셋이 바뀌는 등 프레임워크framework(틀)를 바꿀 정도의 큰 변화를 말합니다.

'모든 사람이 체인지메이커다'라는 것이 우리가 받아들여야 할 새로운 프레임워크라고 생각했습니다. 저희 조직의 창업자도 체인지메이커는 전염성이 있고, 우리의 내면에 이미 DNA처럼 존재하는데 그 스위치가 내려져 있다고 생각했습니다. 스위치가 내려져 있어서 안 보일 뿐이라고 말이죠. 그렇다면 어떻게 하면 스위치를 하나씩 켜서 모든 사람들이 체인지메이커로서의 열망, 능력, 잠재력을 키울 수 있을까, 불을 켤 수 있을까 하는 것이 2000년대 들어서면서 아쇼카의 비전이 되었습니다.

그럼에도 여전히 프레임워크의 변화가 무엇을 뜻하는지 잘 모르겠다고 하는 사람이 있으면 이런 이야기를 합니다. 태어날 때부터 새장에 갇혀 있는 새는 밖에서 훨훨 자유롭게 공중을 나는 다른 새를 어떻게 생각할까요? '나도 저렇게 날 수 있어'가 아니라 '미쳤네. 재 무슨 병 걸렸나? 저건 범죄야'라고 생각할 수도 있지 않을까요? 태어날 때부터 새장 안에만 갇혀 있었으니까요. 바깥세상에서 훨훨 자유롭게 날아 본 적이 없었으니까요.

이것을 우리 인간에게도 적용할 수 있습니다. 어쩌면 우리도 당연하게 생각하는 것, 이를테면 나에 대해서도 그렇고 타인에 대해서도 그냥 저게 당연한 거야, 저기까지야라고 생각하는 게 어쩌면 우리 스스로 새장 안에 있었기 때문이 아닐까 생각해 보는 것이죠. 관점의 변화를 시도해 보는 것입니다.

하지만 모든 사람은 체인지메이커이고, 체인지메이커로서의 잠재력을 갖고 있다고 말해도 쉽게 받아들이지 않으시더라고요. 받아들이기는커녕 의구심을 갖습니다. 당연히 그런 생각을 할 수 있다고 봅니다. 우리는 한 번도 모든 사람이 체인지메이커로 살아가는 세상을 본 적이 없으니까요. 오히려 그 반대로 뭔가에 억눌리고 짓밟히고 가능성이 차단당하는 사람들을 더 많이 보며 자랐고 우리도 어쩌면 그런 사람 중의 하나일 수 있기 때문에 이 가능성을 생각하기란 쉽지 않습니다.

이 사실에 착안해서 '모든 사람이 체인지메이커다'라는 운동을 시작했고, 펠로우들을 통해서 체인지메이커로서의 DNA와 역량 등을 어느 정도 알게 되었습니다. 저희가 생각하는 체인지메이커로서의 역량을 네 가지로 정리하면 첫 번째는 공감 능력, 두 번째는 팀워크, 세 번째는 리더십, 네 번째는 문제 해결 능력이라고 할 수 있습니다.

이 체인지메이커로서의 역량이 누구에게 필요할까요? 모든 사람에게 필요하지만 그중에서도 특히 자라나는 세대에게 필요합니다. 왜냐하면 이 역량은 하루아침에 뚝딱 길러지는 게 아니기 때문입니다. 그리고 이 시대를 살아가는 누구에게나 평생에 걸쳐서 필요한 역량이기 때문에 어려서부터 기를수록 좋습니다. 그럼 시간이 지날수록 그 역량은 더 강해지고 다양해질 것입니다.

그래서 아쇼카는 1990년대 후반부터 사회혁신가를 발굴하고 지원하는 일과 함께 체인지메이커로서의 자질을 학교나 교육 현장에서 기를 수 있게 지원하는 '유스 벤처Youth Venture'라는 프로젝트를 진행하고 있습니다. 초·중·고 학생들이 프로젝트를 만들어서 학교 안팎에서 일어나는 크고 작은 사회 문제를 스스로 해결할 수 있게 돕는 것입니다. 이 프로젝트를 통해 청소년은 사회 문제가 자신의 삶과 연결되어 있음을 깨닫고, 친구들과 문제를 해결하는 다양한 방법을 고민해 실천에 옮깁니다.

2000년대에 들어오면서 공감이 모든 체인지메이커들의 원동력이라는 걸 알게 되었습니다. 그리고 이런 공감 능력은 어릴 때부터 형성된다는 것을 깨달았죠. 그래서 전 세계에서 학교를 대상으로 하는 '공감을 시작하세요Start Empathy'라는 캠페인을 시작했습니다. 공감 교육에 힘쓰는 학교를 '체인지메이커 스쿨'이라는 이름으로 발굴해서 네트워크를 만드는 일을 했습니다.

초·중·고에 이어 대학들도 이런 혁신의 중요성을 알아차리고 혁신 교육이라든지 체인지메이커 교육에 관심을 갖기 시작했습니다. 저희는 여기에 관심이 있거나 선도적인 역할을 하는 대학을 선발해서 '아쇼카 유Ashoka U'라고 하는 네트워크에 연결해서 서로 영감을 주고받으면서 새로운 운동을 하도록 지원하고 있습니다. 다시 말해 사회 혁신과 체인지메이커 교육을 대학 캠퍼스 전체에 확산할 수 있도록 돕는 역할을 합니다. 사회적 기업가 정신 교육은 이제 유수 대학의 MBA 과정에서도 찾아볼 수 있을 정도입니다.

10대를 위한 프로그램도 있습니다. 나이는 어리지만 자신이 주도하여 단체나 조직을 만드는 친구들이 있습니다. 그런 친구들을 지지하고 때로는 보호하고 또 함께 힘을 모으기 위해서 '아쇼카 영 체인지메이커AYC'라는 청소년들의 커뮤니티를 만들었습니다.

가장 중요한 역량은 '공감'

앞에서 이미 말씀드렸지만 이러한 활동은 1990년대에 시작해서 2000년대에 들어와서 본격적으로 전개했습니다. 우리나라에서는 2016년부터 본격적으로 교육 혁신을 위해서 역할을 하자고 결심해서 '미래를 여는 시간(줄여서 '미여시')'이라고 나름의 브랜딩을 했습니다. 교육이 곧 우리 사회의 미래를 여는 일이라고 생각했기 때문입니다.

먼저 우리 교육의 패러다임이 바뀌어야 한다, 그래서 더 많은 아이들이 미래 시대에 맞는 역량을 기르고 경험을 쌓을 수 있도록 교육해야 한다고 주장하는 사람들, 이미 현장에서 변화를 일으키고 있는 사람들을 찾아가 만났습니다. 어떤 부분에서 잘하고 있는지, 아니면 어떤 어려움이 있는지 등을 듣고, 그동안 저희가 이런 일을 해 오면서 왜 지금 '모든 사람은 체인지메이커다'라는 시대정신에 맞게끔 교육이 변해야 하는지에 대해서도 말씀드렸습니다. 해외에 교육 분야 펠로우들도 많으시거든요. 그들의 성공적인 모델이나 솔루션을 한국의 교육 생태계로 초대해서 필요하다면 현지화를 하는 과정까지 지원하는 움직임을 만들어 냈습니다.

이것을 위해서 2016년부터 코로나19가 시작되기 전인 2019년 말까지 '미여시 포럼'을 아홉 차례 개최했습니다. 그리고 미래 교육의 다양한 주제, 화두, 역량에 대해서 논의하고 관련 사례들을 공유했습니다. 시작 단계부터 이 프로젝트의 거액 후원자로서 카카오 설립자인 김범수 전 의장이 든든한 역할을 해 주었습니다.

해외의 교육 혁신 사례를 우리의 교육 생태계에 맞게 현지화한 것도 있습니다. 앞에서 공감이 체인지메이커의 중요한 역량이고, 이것은 어릴 때부터 길러야 한다고 했습니다. 여기에 가장 대표적인 솔루션이 '공감의 뿌리Roots of Empathy'라고 할 수 있습니다. 이 단체의 설립자 겸 대표는 메리 고든Mary Gordon으로 아쇼카 캐나다에서 펠로우로 선정되신 분입니다. 원래 유치원 선생님이었습니다.

그는 어린 시절 가정에서 겪는 폭력이나 트라우마가 평생에 걸쳐서 그 사람에게 얼마나 큰 영향을 끼치는지 느끼고 그것을 줄이기 위해 학교와 부모, 아이 사이에 연결고리를 만들어야겠다고 생각했습니다. 그래서 생각해 낸 방법이 태어난 지 3개월 된 신생아를 엄마가 안고 초등학교 교실에서 수업을 진행하는 것이었습니다. 이것은

1990년대에 만들어진 솔루션인데 지금은 캐나다 공교육을 넘어서 전 세계 15개 나라에서 시행하고 있습니다.

우리나라에서는 비영어권 최초로 2019년에 시작하여 1년가량 서울과 경기도의 초등학교 6곳에서 수업을 진행했습니다. 서울교대 총장님이 이 프로그램의 앰배서더가 되겠다, 전국의 초등학교에 보급하고 싶다고 할 정도로 성공적이었습니다. 지금은 코로나19 때문에 중단된 상태입니다.

나이를 좀 높여 볼까요? '몬드라곤'에 대해 들어 보셨나요? 스페인에 있는 전 세계에서 가장 성공한 협동조합입니다. 몬드라곤 협동조합은 돈보다 사람을 중요하게 생각합니다. 나 혼자 잘난 사람들만 잘되는 게 아니라 평범한 사람들이 모여서 비범한 일을 할 수 있다고 믿습니다. 이런 이들의 철학을 기반으로 개인보다는 팀으로 창업을 하고 기업가가 되는 프로세스를 스페인만이 아니라 전 세계에서 진행하고 있습니다. 물론 우리나라에도 있습니다. 그동안 우리 사회는 워낙 경쟁 위주였기 때문에 개인이 아니라 팀으로 성공할 수 있고 비범한 일을 할 수 있다는 것 자체가 신선한 개념이었습니다.

AI 시대의 일자리, 사라지거나 만들어지거나

그럼 우리 교육이 저희가 바라는 대로 모든 아이들의 잠재력과 체인지메이커로서의 역량을 기를 수 있는 환경으로 바뀌었느냐 하면 아직 거기까지는 이르지 못했다고 생각합니다. 아직 해야 할 일이 많습니다. 구조적인 변화도 필요하고요.

다시 세상 이야기로 돌아와서, 지금 우리는 대체 어떤 세상에 살고 있을까요? 저희가 뿌린 씨앗이 자라서 묘목이 되고 나무가 되고 숲이 되게 하려면 무엇이 더 필요할까요? 세상이 급격하게 변하고 있습니다. 기존의 학습 방식으로는 따라갈 수 없는 시대가 된 것이죠. 인간의 수명을 예로 들어 볼까요? 1900년대 초반만 하더라도 전 세계의 평균 수명은 30~40세가량이었습니다. 그런데 100여 년 만에 인간의 평균 수명이 2배가 늘었습니다. 단지 수명만 늘어난 것이 아니라 저출생, 저출산 문제에 직면해 있습니다. 따라서 우리는 다음 세대에게 지금과는 다른 준비를 시켜야 합니다.

또 다른 큰 변화는 AI입니다. 구글 차이나의 전 사장인 리카이푸李開復가 TED에서 말한 내용을 간단히 소개하겠습니다. 그는 세계에서 가장 유명한 AI 전문가이기도 합니다. 제목이 흥미로워요. 'AI는 어떻게 인류를 구원할 것인가.' 그는 비관론자가 아닙니다. 오히려 AI가 인류에게 도움이 될 수 있다는 믿음을 가지고 있고 그 관점에서 분석을 합니다.

그에 따르면 앞으로 AI로 인해서 직업군은 크게 네 가지로 나뉜다고 합니다. 첫 번째는 AI가 완전히 대체할 직업, 두 번째는 인간과 AI가 협업하는 직업, 세 번째는 AI 분석을 활용한 인간 주도적 직업,

네 번째는 AI가 대체 불가능한 직업입니다. 이 사분면을 나누는 기준은 크게 두 축인데, 한 축은 공감이나 감수성 같은 인간이 가지고 있는 깊은 감정의 연관성이고, 또 다른 한 축은 창의성과 전략적 판단의 연관성입니다. AI가 대체 불가능한 직업일수록 이 두 축에서 더 높은 연관성이 나타납니다. 이 두 부분을 강화하면 아무리 AI 할아버지가 나와도 살길이 있다는 것입니다. 창의성이 강하고 공감 능력도 뛰어난 영역이라면 마케터나 회사의 CEO를 들 수 있습니다.

물론 직업군은 더 많이 늘어날 수 있습니다. 예를 들어 교사는 기존 직업에 포함됩니다. 엄청 창의적이고 전략적이지는 않으니까요. 그래도 공감 능력이 필요한 영역이라서 미래에도 여전히 존재하게 될 직업입니다. 앞으로 고령화 시대가 된다고 했을 때 반려자 역할을 해 줄 수 있는 직업도 만들어질 것입니다.

AI가 점점 더 강력해지고 기술이 우리 삶을 지배하게 되면 윤리적인 문제도 제기될 것입니다. 어디까지 인간으로서 우리의 존엄을 지켜야 하지? 기술에 어디까지 내주어야 할까? 고민하게 되는 것이죠. 최근 기사인데요, AI가 6시간 만에 화학 무기로 사용될 수 있는 4만 종의 독성 물질을 찾아냈다고 합니다. 인간이 연구하고 실험하고 해서 겨우 하나 만들 시간에 말입니다.

알고리즘 문제도 있습니다. 만약 알고리즘 자체가 이미 어떤 편견을 가지고 있다면 어떨까요? 혐오와 편견에 오염되어 있는 데이터를 가져다 쓰면 그 데이터를 바탕으로 움직이는 AI는 그런 편견과 혐오에 기반한 결과를 내놓을 수밖에 없습니다. 인종 차별 로봇racist robot을 예로 들 수 있습니다. 작년에 한 회사에서 이런 로봇 서비스를 내놓았다가 지나치게 인종 차별적이고 성 차별적인 발언을 서슴지 않아서 서비스가 바로 종료되었습니다. 이것이 우리 가까이에 와 있는 문제입니다.

따라서 기술을 잘 알고 잘 다루는 능력 못지않게 그 기술을 다루는 사람에게 윤리적인 부분에서 우리가 무엇을 기대해야 할 것인가, 우리는 얼마나 준비가 되었는가를 고민해 봐야 할 것입니다.

미래 직업 세계에서 필요한 역량

거대한 변화에 교육이 어떻게 대응해야 할 것인가에 대해서 저희 아쇼카만이 아니라 기업이나 정부에서도 방법을 찾고 있습니다. 국제기구인 OECD에도 10여 년 전에 미래 교육과 관련된 전문 부서가 만들어졌습니다. 그리고 미래 역량에 대한 정의를 내리고자 했습니다. '학습 나침반 2030'이 그것입니다. 여기서 제시하는 미래 역량은 지식knowledge, 기술skill, 태도attitude를 말합니다. 앞 글자를 따서 KSA라고 합니다.

지금까지의 교육은 지식 중에서도 교과목 위주의 지식을 주입하는 교육이 많았습니다. 반면 기술이나 태도에 대해서는 좀 소홀했습니다. 여기에서 핵심은 변혁적 역량입니다. 지식과 기술, 태도에 변혁적 역량이 더해져야 미래 교육이 효과를 발휘할 수 있습니다. 변혁적 역량에 대해 더 살펴볼까요?

변혁적 역량에는 세 날개가 있습니다. 첫 번째는 책임감 갖기, 두 번째는 긴장과 딜레마 해결하기, 세 번째는 새로운 가치 창출하기입니다. 이 세 역량은 일종의 사이클로, 한 번으로 끝나지 않습니다. 그리고 이런 경험이 계속 쌓여야 변혁적 역량이 생기고 더욱 강화됩니다.

아쇼카가 지난 수십 년 동안 펠로우들을 발굴하고 선정하고 지켜보는 과정에서 알게 된 역량하고도 매우 흡사합니다. 그러나 교육 현장에 이것을 적용하고 실행하기란 쉽지 않습니다. 이것이 도대체 무엇이고 어떻게 길러질 수 있는지 사례를 본 적이 없기 때문입니다. 담당 교사라면 자신도 모르는 것을 아이들에게 가르치기란 어려울 것입니다.

글로벌 비즈니스 컨설팅 회사인 매킨지에서는 2021년에 미래 직업 세계에서 필요한 역량, 다시 말해 미래 역량을 4개의 범주로 구분한 적이 있습니다. 인지 능력, 대인관계, 셀프 리더십, 디지털이 그것입니다. 이것을 13개의 기술 그룹으로 나누고, 다시 56개 요소(델타)로 세분화했습니다.

이것은 교육이라는 관점에서 봤을 때도, 체인지메이커라는 관점에서 봤을 때도 잘 만들어진 프레임워크라고 생각합니다. 저에게 가장 인상 깊었던 것은 셀프 리더십 안에 자신의 감정을 아는 것과 자신을 괴롭히는 트리거를 아는 것을 미래 역량에 포함한 것입니다. 앞에서 '공감의 뿌리'라는 캐나다 펠로우의 아이디어를 소개했는데, 이 솔루션이 획기적인 것은 아주 어릴 때부터 자기의 감정을 알아차릴 수 있게 도와주기 때문입니다.

56개의 미래 역량 데이터는 기업에서도 중요합니다. 그래서 교육과 역량의 상관관계를 조사했습니다. 교육을 많이 받을수록 역량이 높아지는지를 조사한 것입니다. 그 결과 교육을 많이 받으면 역량이 높아지는 것으로 확인되었습니다. 다시 말해 학교를 오랫동안 다니거나 좋은 교육을 제공하는 학교를 다니면 역량이 향상된다는 것이죠. 그중에서 가장 대표적인 것은 디지털 리터러시였습니다. 디지털 역량은 아무래도 학교에 가야 배울 수 있는 부분이라서 그런 것 같습니다.

반면에 신뢰 형성과 겸손은 마이너스입니다. 이 두 항목은 교육과 그리 상관이 없다는 말입니다. 메시지를 통합하는 능력도 마찬가지입니다. 왜냐하면 다양한 정보를 내가 원하는 방식으로 가져와서 내 방식대로 바꿔 내는 것이기 때문이죠. 재해석하는 능력 말입니다. 이런 능력은 학교 교육을 많이 받은 것과 관계가 없더라는 것이죠. 그 밖에 코칭, 창의성/상상력도 학교 교육과의 상관성이 낮았습니다. 용기/도전 정신, 공감, 갈등 해소, 자신감도 마찬가지입니다. 우리의 미래는 불확실합니다. 이로써 우리는 불확실성에 대응하는 역량은 학교 교육을 많이 받은 것과는 상관없다는 것을 확인할 수 있습니다.

매킨지는 사람들이 교육을 많이 받는 이유에 대해서도 조사했습니다. 이것은 기업에 도움이 되는 정보라고 할 수 있습니다. 부모는 자녀에게 좋은 교육, 비싼 교육을 시키고 싶어 합니다. 물론 그 마음

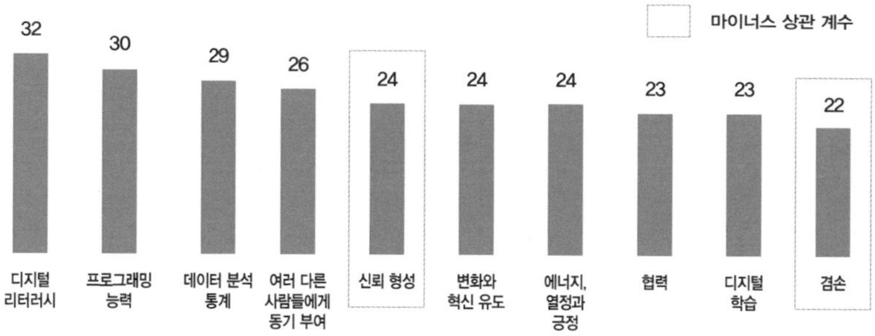

교육과 연관성이 높은 역량(순확률=0~33%)

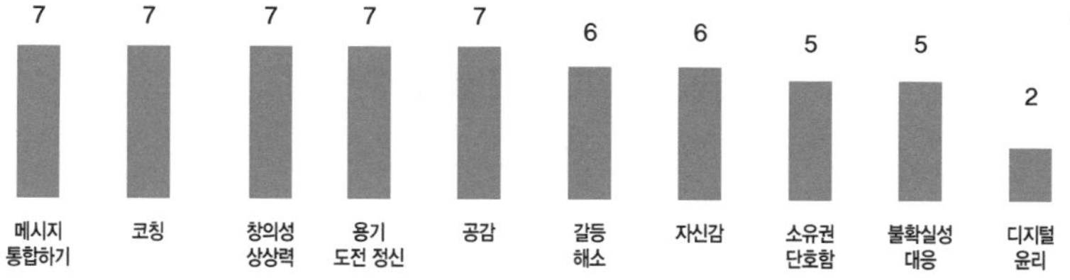

교육과 연관성이 낮은 역량(순확률=0~33%)

이 나쁜 것은 아닙니다. 잘못도 아니고요. 그렇다면 그 이유가 무엇일까요? 무엇을 위해 그렇게까지 할까요? 먼저 자녀가 좋은 직업을 갖게 하기 위해서입니다. 다음은 좋은 회사에 채용되어 높은 연봉을 받거나 임금이 높은 일을 했으면 해서입니다. 마지막으로 자녀가 자신의 직업에 만족하기를 바라서입니다. 이 세 가지는 어떻게 보면 교육을 받는 것에서 얻어 낼 수 있는 중요한 결과치라고 할 수 있습니다.

그렇다면 채용, 고소득, 직업 만족도를 가져오는 데 기여한 역량은 무엇일까요? 다시 말해 채용이 잘된 사람들에게서 두드러진 세 가지의 역량은 무엇일까 하는 것입니다. 흥미로운 사실은 앞에서 교육과 관련이 없다고 판명된 역량이 오히려 우리가 가장 원하는 결과를 내는 데 영향을 주었다는 것입니다. 미래 역량을 4개의 범주로 구분했는데, 그중에서 인지 능력과 디지털 역량이 아니라 대인관계와 셀프 리더십에 속한 역량이 채용, 고소득, 직업 만족도를 가져오는 데 기여했습니다.

자아실현을 넘어서 자아초월로 나아가려면

이것이 시사하는 것이 무엇인지를 잘 생각해 볼 필요가 있습니다. 기존 교육은 사실 이 영역에 거의 손 놓고 있었다고 봐도 좋을 것 같습니다. 여기서 질문이 생깁니다. 그럼 어떻게 역량이 길러졌을까? 학교에서 길러진 게 아니라면 대체 어디서 이런 역량을 길렀을 까? 가정? 또래 친구? 유전? 이 부분에 대해서 이야기를 나누어 볼까 합니다. 우리가 학교 교육에서 모든 걸 해결해야 한다는 생각에서 벗어나 생각할 필요가 있습니다.

첫 번째 힌트는 우리 안에 있다고 생각합니다. 아무리 기술이 발전해도 인간이란 존재 자체는 변하지 않습니다. 우리가 원래 가지고 있는 본성, 욕구, 필요 등은 변하지 않는다는 말이죠. 미국의 심리학자 에이브러햄 매슬로Abraham Maslow가 제시한 5단계 욕구 이론에서 크게 벗어나지 않습니다. 그는 인간의 욕구 가운데 자아실현 욕구를 피라미드의 가장 상위 단계에 놓았습니다. 그런데 자아실현이라고 하면 착각하는 게 뭐냐면 엄청나게 성공한 사람들만을 떠올리기 쉽습니다. 예를 들어 김연아 선수처럼 자신의 분야에서 최고의 자리에 올라야만 자아실현을 했다고 생각하기가 쉽다는 것이죠. 물론 김연아 선수에게는 자아실현일 수 있습니다. 하지만 다른 사람들에게도 그것이 자아실현일까요?

옛날에도 그랬지만 요즘 아이들에게도 꿈이 무엇이냐고 물어보면 일반적으로 직업을 이야기합니다. 선생님이 될 거야, 의사가 될 거야라고 말이죠. 직업은 매슬로의 욕구 피라미드에서 안전 욕구에 해당합니다. 왜? 안정적 직업을 갖고 싶거든요. 직업을 가져야 나와 가족을 돌볼 수 있으니까. 그러니까 어떤 직업을 갖느냐는 것은 인간

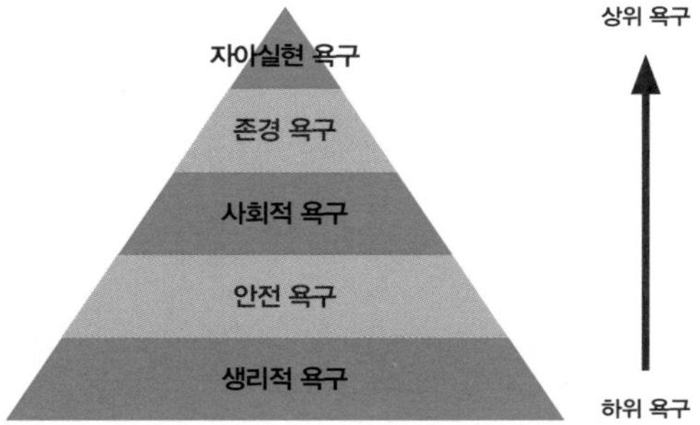

매슬로의 욕구 피라미드

의 안정을 추구하고 싶은, 안전하고 싶은 욕구를 충족시켜 주는 것이지 자아실현이나 잠재력하고는 크게 상관없을 수도 있습니다.

그런데 우리는 인간의 잠재력을 여기서 판단해 버리려는 경향이 있습니다. 너 무슨 직업을 가질래? 뭘로 먹고살래? 그러나 정작 매슬로가 생각했던 자아실현에는 도덕성, 창의성, 자발성, 문제 해결 능력, 편견이 없는 것, 사실을 받아들이는 것 등이 들어 있습니다. 그는 이것이 진정한 의미의 자아실현이라고 생각했습니다.

저는 자아실현에 문제 해결 능력이 들어 있는 걸 보고 놀랐습니다. 우리 인간이 가지고 태어나는 가장 높은 단계의 욕구는 욕망입니다. 인간은 억지로 문제 해결 능력을 키우는 게 아니라 그런 욕망을 가지고 태어난다는 것이죠. 그것도 상위 단계의 욕망이라는 것을 이해한다면 우리가 사람을 바라보는 관점이 달라질 수 있습니다. 매슬로는 자아실현을 넘어서는 자아초월에 대해서도 이야기했습니다. 나를 넘어서는 경험입니다. 우리는 그 욕구까지도 가지고 태어난다는 것입니다. 제가 지금까지 만나 본 아쇼카 펠로우들이 바로 자아실현을 넘어서 자아초월의 단계에까지 이른 분들이 아닌가 생각합니다.

2016년 9월 『하버드 비즈니스 리뷰』에는 지난 30년간 살아남은 기업들, 성공한 기업들을 분석한 흥미로운 글이 실렸습니다. 이 기업들이 소비자에게 어떤 가치를 주었기에 살아남았나, 성공했나를 분석한 것입니다. 그리고 30여 개의 가치를 뽑아서 피라미드 형태로 정리했습니다. 간단하게 살펴보겠습니다.

피라미드 하단에 있는 것은 기능적 가치입니다. 제품이나 서비스를 통해 고객들의 시간을 아껴 준다거나 돈을 벌어 준다거나 위험을 줄여 주는 것들이 여기에 포함됩니다. 다음은 정서적 가치입니다. 고객들의 불안을 감소시켜 주거나 향수를 불러일으키거나 마음을 치유해 주는 등 정서적 만족감을 주는 것입니다. 세 번째는 라이프 체인징입니다. 삶을 바꿔 주는 가치인 것이죠. 희망을 준다거나 무언가를 할 수 있게 동기부여를 하거나 자아실현을 할 수 있게 돕는 것을 말합니다.

마지막으로 피라미드 상단에는 사회적 임팩트가 있습니다. 여기에는 자아초월이라는 가치만이 존재합니다. 그 가치를 어떤 식으로든 담아서 제품이나 서비스를 만들면 지금 당장은 아닐지라도 앞으로는 점점 많은 사람들이 지갑을 열고 그걸 높은 가치로 여기는 시대가 올 것이라는 것을 비즈니스 세계도 간파한 것입니다.

이것은 앞에서 살펴보았던 매슬로의 욕구 피라미드와 흡사합니다. 인간은 생리적 욕구, 안전 욕구, 사회적 욕구, 존경 욕구, 자아실현 욕구가 있고 그것이 충족되어야 합니다. 가치 피라미드는 이 욕구 피라미드에 개념적인 뿌리를 두고 더 나아간 것이라고 볼 수 있습니다. 그리고 기업에서 가치 피라미드의 구성 요소를 많이 제공할수록 고객들의 충성도가 높아진다고 합니다.

이제 기업들도 이런 부분을 고려해야 앞으로 부를 창출하고 살아남을 수 있다는 것을 알고 이쪽 영역을 강화하기 위해 움직이기 시작했습니다.

사회혁신가로 성장하는 데 가장 큰 영향을 준 사람은 부모

그렇다면 아쇼카 펠로우들은 어떻게 사회혁신가로 성장하게 되었을까요? 지금 같은 체인지메이커 교육도 없었고, OECD에서 만든 멋진 프레임워크도 없었는데 말이죠. 사실 대부분의 펠로우들은 그냥 알아서 큰 것입니다. 그럼 왜 이분들은 사회혁신가가 되어 세상도 이롭게 하고 자아실현까지 할까요? 그래서 800명의 펠로우에게 사회혁신가로 성장하는 데 가장 큰 영향을 준 사람은 누구인지 설문조사를 했습니다.

가장 크게 영향을 준 사람은 부모로 56퍼센트였습니다. 가정과 부모의 역할이 얼마나 중요한지를 알 수 있습니다. 흥미로운 것은 부모와 거의 유사하게 영감을 주는 다른 사회혁신가가 51퍼센트로 2위였습니다. 롤 모델이라고 할 수 있습니다. 다음으로 또래는 44퍼센트였습니다. 그리고 교사는 5위로 35퍼센트였습니다. 순위가 좀 낮죠? 앞에서 매킨지 결과에서도 학교와 연관성이 없는 역량들이 중요하다고 했던 것처럼 여기서도 교사나 학교보다는 부모, 롤 모델, 또래가 더 큰 영향을 미치는 것을 알 수 있습니다.

롤 모델 이야기가 나왔으니 롤 모델과 콘텐츠의 중요성에 대해서 잠깐 살펴보겠습니다. 애덤 그랜트Adam Grant의 저서 『오리지널스』에 이런 부분이 있습니다. 1800년에서 1950년까지의 기간 동안 미국에서 출간된 어린이 동화를 분석했습니다. 그런데 1810년에서

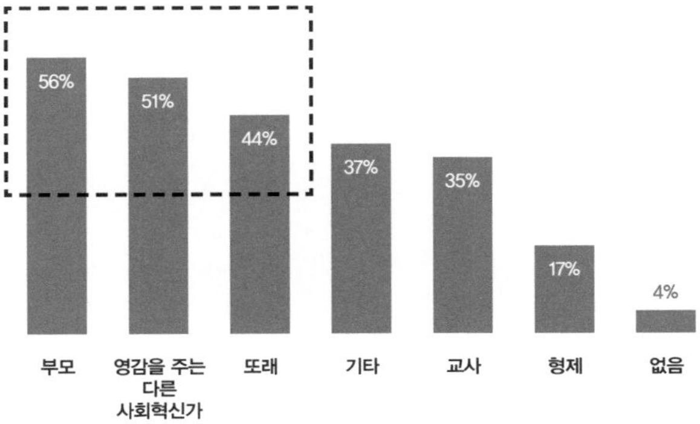

사회혁신가로 성장하는 데 영향을 준 사람/그룹(N=800)

1850년 사이에 출간된 동화에서 독창적인 목표 달성이라는 주제와 그 주제를 실천하는 인물들이 많이 등장했습니다. 모험 정신이 투철하다든지 용감하다든지 창의적인 인물들이 많이 나온 것이죠. 그리고 그 동화를 읽은 아이들이 성장해서 어른이 되는 시기인 1850년에서 1890년 사이에 특허 출원 비율이 7배가량 증가했다고 합니다.

그러면서 저자는 이런 독창적인 인물이 등장하는 책이 중요하다고 말합니다. 그 책을 읽은 아이가 자라서 자신만의 새로운 세계를 만들어 나갈 테니까요. 저자는 『해리 포터』를 예로 들면서, "나는 다음 세대에 출현할 독창적인 인물들은 독창적인 아이디어로 가득한 이 시리즈에서 영감을 받으리라 믿어 의심치 않는다"고 말했습니다. 이 책을 읽고 자란 청소년이 앞으로 사회에 어떤 변화를 일으킬지 기대됩니다. 또한 저자는 『해리 포터』는 단지 한 세대에게 독창적인 롤 모델을 제공하는 데 그치지 않고 도덕적 교훈도 제시했다고 말합니다. 그리고 이 책을 읽은 어린이들은 사회의 주변부로 밀려난 집단에 대한 태도가 향상되었다는 연구 결과도 언급하고 있습니다.

그 밖에 세계적인 벤처 창업가이자 투자자인 피터 틸과 테슬라 창립자 일론 머스크는 반지가 지닌 위력을 파괴하기 위해 모험을 떠나는 호빗의 여정을 그린 『반지의 제왕』을 어렸을 때 인생에 영향을 준 책으로 꼽았습니다. 페이스북 창립자 마크 저커버거는 외계인의 침략으로부터 지구를 구하는 임무를 맡게 된 아이들의 이야기인 『엔

더스 게임』, 알리바바의 창립자 마윈은 자기 운명을 바꾸려고 애쓰는 나무꾼 이야기인 『알리바바와 40인의 도둑』, 아마존 창립자 제프 베조스와 페이스북 최고운영책임자 셰릴 샌드버그는 한 소녀가 물리적 법칙을 거스르고 시간을 여행하는 방법을 터득하게 되는 이야기인 『시간의 주름』을 각각 꼽았습니다.

롤 모델과 관련해서 이 이야기를 꼭 소개하고 싶습니다. 우리나라의 한 외국어고등학교에 다니는 학생이 비베크 마루Vivek Maru의 TED 영상을 보고 나마티에 편지를 보냈습니다. 나마티NAMATI는 전 세계에서 변호사가 부족하거나 법적인 도움을 구할 수 없어서 억울한 일을 당하는 사람들을 위해서 시민 법률활동가를 양성하는 사업을 하는 단체입니다. 그는 이 단체를 만든 사람이고요. 그 학생은 영상을 매우 인상 깊게 보았고, 당신을 내 인생의 롤 모델로 삼고 싶다고 편지를 쓴 것이죠. 20분가량의 비교적 짧은 영상이 한 사람의 가치관 형성에 어떤 영향을 주었는지를 잘 보여 주는 예라고 생각합니다.

또한 매킨지에서 제시한 56개 미래 역량에 롤 모델링도 포함됩니다. 그러니까 내 롤 모델을 스스로 찾아가는 것도 아주 중요한 역량이라는 것이죠. 아무튼 롤 모델을 소설 속에서만, 가상의 공간에서만 찾을 필요가 없습니다. 어쩌면 나의 고민이나 문제를 해결하는 데는 동시대에 살고 있는 사람, 실제 그 일을 하고 있는 사람에게서 더 직접적인 영감을 얻을 수도 있습니다.

아쇼카 한국의 새로운 실험

아쇼카는 지난 40여 년간 4000여 명의 사회혁신가들을 통해서 알게 된 인사이트와 구체적인 사례를 축적해 왔습니다. 이제 이것을 어린이와 청소년을 포함한 모든 연령의 사람들을 위해서 대중화, 보편화하고자 합니다. 그러기 위해서는 디지털화, 오픈 소스화, 시각화, 콘텐츠화를 해야 합니다.

저희는 체인지메이커니까 생각만 하고 멈추면 안 되잖아요. 그래서 아쇼카 한국에서는 몇 가지 새로운 실험을 하고 있습니다. 첫 번째는 4000여 펠로우들의 스토리와 데이터를 한국어 버전으로 만드는 것입니다. 원래 웹사이트가 있는데 사용하기도 불편하고 영어로만 되어 있었어요. 그래서 그것을 정리해서 모바일 앱에 담았고, 한국어를 비롯하여 영어, 일본어, 인도네시아, 포르투갈어, 스페인어, 독일어, 프랑스어, 이탈리아 등 9개 언어를 지원합니다.

두 번째는 '아쇼카 스페이스'라는 오프라인 공간을 마련했습니다. 사회 혁신과 미래 교육이 만나는 전시 및 체험 공간이라고 할 수 있습니다. 지금까지 세 번의 전시를 했습니다. 환경과 기후 변화 관련 전시, 고령화 사회 관련 전시를 했고 지금은 다양성을 주제로 전시를 하고 있습니다.

세 번째는 AI와 데이터 테크놀로지를 활용하는 것입니다. 수천 명의 펠로우들 가운데에서 어떤 펠로우의 스토리가 어떤 사람한테 맞는지 찾아내는 것도 중요하다고 생각했습니다. 그래서 이 방대한 자료를 활용하기 위해 AI를 도입했습니다. AI 중에서도 언어를 아주 고도로 구사할 수 있는 GPT3라고 하는 최신 툴입니다. 먼저 GPT3로 하여금 수천 명의 펠로우들의 스토리를 읽게 했습니다. 그런 다음 매킨지의 역량 분석과 매칭을 시도했습니다. 펠로우들과 매킨지가 정의한 56개 역량을 연결해서 좀 더 알아보기 쉽게 한 것이죠.

나아가 UN에서는 2015년에 지속가능발전목표SDG라는 인류의 지속가능한 발전을 위해 2030년까지 달성해야 할 17개 목표, 169개 세부 목표를 의결했습니다. 이 목표와 아쇼카 펠로우들의 데이터를 연결합니다. 각각의 목표에 해당하는 펠로우를 찾아달라고 하면 AI는 나름의 분석을 통해서 결과를 내놓습니다. 이것은 기계가 혼자 만들어 낸 게 아닙니다. 저희가 가이드를 준 것이죠. 이런 시도를 저희 파트너사들은 물론 AI를 다루는 기업 쪽에서도 흥미롭게 보는 것 같습니다. 아직 시작에 불과하지만 앞으로 더욱 활성화시켜 다양한 분야에 적용할 수 있게 할 것입니다.

마지막으로 최근 한 인터뷰 기사에서 본 내용을 바탕으로 말씀드리겠습니다. 오늘 우리가 나눈 이야기의 핵심을 잘 요약하고 있는 것 같습니다. 지금은 메가트렌드와 개인이 멀리 떨어져 있지 않습니다.

다른 나라에서 전쟁이 나니까 바로 우리 물가가 바뀌고 식량 상황이 달라집니다. 더 이상 남의 나라, 강 건너 불구경 이런 게 없는 것이죠. 이런 시대에는 개인도 변화를 요구받을 수밖에 없습니다. 변하지 않으면 살아남을 수 없는 세상이 되기도 했고요. 그럼 그 변화에 끌려가기보다는 오히려 내가 그 변화를 주체적으로 만들고 선택하는 삶을 사는 게 낫지 않을까요? 그리고 유효 기간이 이미 끝난 지식에 너무 많은 시간을 쓰지 말고 필요한 것만 가져오고, 기계가 잘하는 일은 기계한테 맡기는 것이 더 나은 선택이 아닐까요?

지금 우리에게 필요한 것은 표준화된 솔루션이 아니라 새로운 솔루션입니다. 과거에는 소수에게만 탁월함이 요구됐다면 지금은 모든 사람에게 탁월함이 필요합니다. 그런데 그 탁월함은 우리가 기존에 알던 완벽한 것이 아닙니다. 완벽하지는 않더라도 각자가 가진 탁월함을 최대한 끌어올리면 됩니다. 인터뷰이는 탁월함은 완벽함이 아니라 공감과 성실 같은 정서적 저력이라고 했습니다. 이것을 매킨지의 미래 역량에 대입하면 가운데 두 기둥인 대인관계와 셀프 리더십에 해당합니다. 이들 역량을 꾸준히 길러 준다면 변화하는 사회에서 탁월함을 발휘하며 살아갈 수 있을 것입니다.

질의응답

사회자

▸ 강사의 전달력과 운동movement의 콘텐츠가 강연의 질을 결정하는데, 이번에 강연을 해 주신 이혜영 대표님은 이 두 가지를 모두 겸비한 분이라고 생각합니다. 윤지희 대표님은 강연을 어떻게 들으셨어요? 이 대표님 말씀에 강하게 공감을 하셨는데요.

윤지희

▸ 아주 벅찬 시간이었습니다. 단순히 벅차다기보다는 많은 생각을 하게 한 시간이었다고 할까요. 오늘 강연 내용을 한마디로 요약하면 '아쇼카는 혁신의 보고다'라고 할 수 있을 것 같습니다. 아쇼카는 이미 전 세계에서 혁신의 아이콘이 된 사람들, 세상을 바꾸기 위해서 노력한 사람들이 모여 있기 때문에 그것 자체가 보고입니다. 그리고 그들이 이룬 것을 토대로 하여 우리가 또다시 어떻게 변화시킬 수 있을 것인가에 대한 무궁무진한 상상과 아이디어를 던져 주고 있기에 그것 또한 보고라고 할 수 있습니다.

제가 주목한 한 가지는 스페인 몬드라곤 협동조합의 팀 창업입니다. 비범한 개인보다는 평범한 사람들이 팀을 이루어 창업해서 회사를 더욱 확장시켜 나가는 것 말이죠. 또한 아쇼카 펠로우나 체인지메이커가 가져야 하는 네 가지 역량 중 하나도 팀워크라고 합니다. 제 인생을 반추해 봤을 때도 이 부분에 동의가 됩니다. 저는 한 개인으로 살아오고 성장했다기보다는 누군가와 같이, 제 개인의 이름이 아닌 다른 사람들과 함께 목표를 정하고 인생을 걸어왔습니다. 그래서 저를 키운 것은 팀워크였다고 생각합니다.

개개인은 작고 보잘것없지만 그 개인들이 모였을 때 누구도 상상할 수 없는 힘을 발휘한다는 측면에서 어느 한 사람의 리더나 혁신가가 아니라 우리 모든 아이들, 모든 인간이 혁신가가 되어야 세상이 바뀐다고 생각했을 때, 그 비결은 팀워크에 있다고 생각합니다. 우리 교육 역시 학생 개개인을 경쟁시키는 교육이 아니라 팀워크를 기반으로 한 교육으로 갔을 때만이 길이 열리지 않을까 합니다. 앞으로 아쇼카가 우리 교육을 위해서, 아이들의 미래를 위해서 큰 힘이 되어 주실 거라고 생각해서 정말 감사드리고 큰 박수를 보냅니다.

사회자

▸ 울산에서 오신 백승미 선생님도 이번 강연에 격하게 반응하셨는데, 소감을 말씀해 주세요. 백승미 선생님은 유치원 원장님입니다.

백승미

▸ 아쇼카라는 단체와 그들이 하고 있는 일을 들으면서 교육의봄이 추구하는 전체적인 큰 그림과 매우 유사하다는 느낌을 받았습니다. 강연을 듣고 저도 유아교육을 담당하는 이 영역에서 아이들을 어떻게 키울 것인가, 교사들의 역량을 어떻게 끌어올릴 것인가에 대해서 깊은 고민을 하게 되었습니다. 많은 도움이 되었습니다. 감사합니다.

이혜영

▸ 제가 코로나19 여파로 인해서 평상시 강연할 때 사용하는 에너지의 80퍼센트밖에 쓰지 못했습니다. 보통 30분에서 1시간 정도 강연을 합니다. 짧은 시간 내에 마무리해야 한다는 부담감 때문에, 제 안에서 불이 나고 숨이 차고 말이 도중에 끊기는 경우가 있었습니다. 그런데 오늘은 시간을 넉넉히 주셔서 편안하면서도 설레는 마음으로 할 수 있었습니다. 저야말로 강연을 준비하면서 아쇼카의 보고를 꿰는 경험을 했습니다. 구슬이 서 말이라도 꿰어야 보배라고 하잖아요. 지금까지 아쇼카는 구슬을 열심히 찾았고 그 구슬이 서 말이 되었습니다. 이제 그 구슬을 꿰는 작업을 해야 할 차례입니다. 그러나 이 작업을 저희 힘만으로는 할 수 없습니다. 그래서 교육의봄이 학생과 청소년, 부모님, 교육자 들을 위한 사업을 할 때 저희도 적극 돕도록 하겠습니다.

사회자

▸ 아쇼카가 지금까지 걸어온 길과 진행해 온 일, 앞으로의 여정을 살펴보니 진정성과 기술이 통합되면 사회를 변화시키는 역동적인 길이 열릴 것 같습니다. 저희 교육의봄 운동에 주는 메시지도 크고요. 앞으로 아쇼카와 교육의봄이 아이들을 위해 협력하면서 끝까지 같은 길을 갔으면 합니다.

7

학벌 없는 채용의 시대를 열어 가는 사람들 이야기

송인수 | 교육의봄 공동대표

기업과 학교,
채용과 교육은 만나야 합니다.
만나서 기업의 참된 의미, 교육의 참된 기능을 이야기하다 보면
서로가 통한다는 것을 알게 될 것입니다.

지금까지 6명의 강사들께서 탁월한 강연을 해 주셨습니다. 내용을 정리해 보면 '채용과 취업에서 학벌은 더 이상 필수적이지 않다, 취업만이 아니라 이제 창업의 길도 아이들에게 열려 있다, 이런 새로운 시대에 학벌의 효력은 약화되고 있다, 대신 학벌이 줄 수 없는 새로운 능력이 필요하다, 그리고 그 능력의 핵심은 자기다움을 발견하는 것이다'라고 할 수 있습니다.

이에 대해 여러분은 학벌 없는 채용의 시대가 온다니까 반가운 일인데, 그렇다면 교육의봄은 왜 이 일을 시작했고 앞으로 무슨 일을 할 것인지 궁금할 것입니다. 저는 그 부분에 대해 말씀드리겠습니다.

사교육걱정없는세상, 못다 이룬 것들

2008년 6월 12일에 윤지희 선생님과 저는 아이들의 입시 경쟁 문제를 해결하는 새로운 운동, 그리고 학부모들의 사교육 걱정과 부담의 문제를 덜어 주기 위해서 사교육걱정없는세상이라는 단체를 창립했습니다. 그 이후 최선을 다해 일해서 수많은 성과를 얻었습니다. 학원과 학교에서 입시 결과 현수막을 외벽에 못 걸게 막았고, 외고에 들어가기 위해 풀어야 했던 고난도 영어 듣기 시험을 없앴으며, 선행 교육을 막는 법률을 만들어서 선행 교육이 옳지 못하다는 인식을 만들고 나아가 대학 논술고사에서 고교 과정을 넘는 지식을 출제하지 못하도록 했습니다.

그뿐만이 아닙니다. 사립 초등학교의 불법적인 영어 몰입 교육을 막았고, 어렵고 양 많은 수학 교과를 바로잡았으며, 초등학교 1학년 한글 수업 시수를 2배로 늘려 유치원에서 한글 선행 교육을 하고 올 필요가 없게 만들었습니다. 중학교 입시 사교육의 핵심인 고교 서열 체제를 바로잡고자 애써서 마침내 2025년 자사고와 외고가 폐지되는 결정을 이끌어 냈습니다. 또한 공기업에서 블라인드 채용을 도입해 학벌을 보지 못하도록 했고, 대학 입시 때 어느 고등학교 출신인지 알 수 없도록 하는 이른바 블라인드 입시 제도도 도입하게 했습니다. 실로 많은 일들을 해냈습니다.

그런데 문재인정부 들어서서 이전 정부와는 비교할 수 없을 정도로 사교육비가 늘어났습니다. 2018년부터 사교육비가 큰 폭으로 늘다가 2021년에는 사상 최고로 폭증했습니다. 이것은 일차적으로는 대입 정시 확대라는 정부 정책의 잘못 때문이기도 하지만, 근본적으로는 국민들이 이런 정책을 좋아했기 때문입니다. 정부가 민심을 거스르기 부담스러웠던 것이죠.

그렇다면 왜 국민들이 정시 확대를 원하고 입시 교육을 거부하지 않으며 그 경쟁에서 살아남기 위해 사교육비 지출을 줄이지 않았는가 하는 점이 의문이었습니다. 이것은 정부가 그동안 통계청을 통해서 국민들에게 계속 물어 왔던 질문이기도 한데요. 이 질문에 대한 대답 부동의 1위는 '아이들이 취업할 때 기업이 출신 학교를 중시한다'는 것이었습니다. 좋은 직장에 들어가려면 학벌이 필요한데, 학벌 따는 대학 입시 경쟁에서 이기려면 내신보다는 수능이 공정한 도구라고 생각해서 수능 비중 확대 정책을 환영한 것이라고 볼 수 있습니다. 이러한 일련의 상황을 볼 때 저희는 결국 입시 경쟁 교육을 바로잡으려면 기업의 학벌 중심 채용 문화를 바로잡지 않으면 안 된다는 생각을 하기에 이르렀습니다.

한계를 돌파하기 위해 '교육의봄'을 창립하다

저희는 이 문제를 해결하기 위해서 교육단체를 만들기로 결심하고 2020년에 사교육걱정없는세상과 별도로 '교육의봄'을 창립했습니다. 교육의봄의 목표는 출신 학교에 의존하지 않는 좋은 채용이 모든 기업에 확산되어 학벌 따는 입시 경쟁을 완화시키고 아이들이 입시 노예에서 벗어나도록 하는 것입니다. 채용의 봄을 만들어 교육의 봄을 이끄는 것이죠.

이것은 지금까지의 교육운동에서는 쓰지 않던 방법론이라고 할 수 있습니다. 일종의 부메랑적인 방법론이죠. 먼저 기업의 채용 영역으로 부메랑을 던져서 기존의 낡은 채용 관행을 해소하고, 학벌에 의존하지 않는 좋은 채용을 하는 기업을 발굴하고 확산시킵니다. 그리고 그 부메랑이 거기서 멈추지 않고 교육으로 돌아와서 학벌 따기 입시 경쟁 교육을 바꾸는 일을 하는 것입니다. 어디에도 이런 운동을 하는 곳은 없습니다. 저희도 처음 해 보는 거예요.

그런데 저희가 기업의 채용 문화를 바꾸기 전에 할 일이 있었습니다. 그것은 바로 채용의 현실을 아는 것이었습니다. 현실을 알아야 변화를 위한 지점을 찾아낼 수 있지 않겠습니까? 사람들은 대개 현실을 알아내는 일에 집중하지 않고 변화부터 이야기합니다. 물론 그들도 어느 정도 현실은 알고 있습니다. 그 부분적인 현실이 입증되지 않은, 자기의 경험과 감으로 파악한 것이 다릅니다. 물론 그 감이 틀리지 않을 수 있습니다. 그러나 감일 뿐이죠. 그렇기 때문에 많은 사람들을 설득하는 힘이 없습니다.

사람을 설득하는 데 필요한 것은 '데이터'입니다. 데이터로 현실을 말해야 합니다. 그래야 사람들이 인정합니다. 그러나 데이터로 현실을 드러내는 것이 어려운 이유는 무엇입니까? 너무도 힘겨운 일이기 때문입니다. 연구하고 조사하여 통계를 내야 합니다. 적지 않은 돈과 시간, 사람이 필요합니다. 그 힘겨운 과정을 피하고자 데이터를 만들지 않는 것입니다. 그러다 보니 사람들을 설득하지 못합니다.

저희는 데이터를 모으기로 했습니다. 채용의 현실을 파악하기 위해 대한민국의 대표적인 기업군의 채용 실태를 21차례의 포럼을 통해 샅샅이 조사했습니다. 데이터로 현실을 들여다보기 전, 저희는 먼저 지금의 채용은 학벌을 필수로 요구하는 관행이 지배하고 있을 것으로 추정했습니다. 물론 공기업과 중소기업을 제외하고 말입니다. 국민들도 그렇게 생각할 것이라고 봤습니다. 그러니까 아이들이 공기업과 중소기업에 취업하지 않고 다른 직업군으로 진출한다면, 우리 국민들은 '어쨌든 학벌은 필수 요소로 갖춰야 한다, 거기에 다른 능력이 추가로 필요할 것이다'라고 생각할 것이라고 봤던 것이죠.

그런데 저희가 조사해 보니 놀랍게도 사실은 달랐습니다. 대학과 병원을 제외하고 대부분의 기업에서 학벌을 필수로 요구하지 않았습니다. 물론 공기업처럼 학벌을 이력서에 적지 않도록 하는 완벽한 블라인드 채용을 다른 곳에서도 100퍼센트 적용하는 것은 아니었지만, 학벌이 부족해도 다른 능력이 좋으면 얼마든지 채용하는 방향으로 변화가 일어났다는 것입니다. 아니, 학벌이 일 잘하는 사람을 고를 때 필요한 절대적인 지위를 잃기 시작했다고 보는 것이 옳겠습니다. 그러니까 채용에서 변화의 바람이 이미 불기 시작했다는 것입니다. 채용의 영역에서 봄을 만들어야겠다고 생각했는데 봄이 이미 와 있었습니다.

학벌은 일 잘하는 능력인가?

그런데 이런 데이터에 대해서 사람들은 몇 가지 의문점을 갖습니다. 학벌 중심의 채용이 완화되어 가고 있고 학벌을 전혀 안 보는 기업군도 나타나기 시작했다고 말하면, 사람들은 '정말 학벌이 일을 잘하는 능력과 상관없나요? 상관없다면 학벌을 보지 말아야겠지만 상관이 있는데 왜 학벌을 보지 말아야 하는 것입니까?'라고 되묻습니다. 사실 사람들이 학벌을 쌓기 위해 애쓰는 것도 그것이 일 잘하는 능력과 관계가 있다고 생각하기 때문입니다. 학벌이 좋을수록 똑똑하고 성실하다고 말이죠. 그걸 위해서 초·중·고에서 학벌을 갖추기 위해서 공부하는 것이고요.

그동안 우리 사회는 이 둘의 관계에 대해 제대로 다룬 적이 없습니다. 그런데 국제기업들은 이 관계를 이미 고민했어요. 『평균의 종말』에서 저자 토드 로즈 교수는 이 둘의 관계에 대해 매우 깊이 있는 통찰을 보여 줍니다. 이 책에 인용된 구글도 학벌, 학점, 전공, 수능 점수 등과 같은 전통적인 스펙과 일 잘하는 능력 간의 상관관계를 치열

하게 고민하다가 아주 과학적인 과정을 통해 이렇게 결론을 내렸습니다.

'검증 결과 SAT 점수와 출신 학교의 명성은 재능을 미리 예견케 해 주는 지표가 되지 못했다. 프로그래밍 경진 대회의 우승 역시 마찬가지였다. 성적은 어느 정도 중요한 예견 지표였으나 그것도 졸업 후 3년 동안만 그러했다. ……이제 구글에서는 여간해서는 입사 지원자들에게 GPA(대학 평점 평균)를 묻지 않는다. 출신 학교에 대해서도 예전과 같은 식으로 다루지 않는다.'

이건 그냥 주장한 것이 아니라, 구글에 재직하는 수많은 팀장들을 대상으로 한 연구 조사를 종합한 결과였습니다. 구글의 이 결과를 국내 민간 대기업 관계자들하고 이야기해 보니까 이미 그들도 인정하고 있었습니다. 내부 자료를 검토해 보니 그렇다는 것입니다. 그런데 달리 대안이 없고, 발표가 가지고 올 사회적 파장을 염려해서 내부용으로만 활용했다고 합니다.

이런 흐름은 더 있습니다. 전기차로 유명한 테슬라의 최고경영자 일론 머스크는 아주 기이하고 천재적인 사람입니다. 민간 우주선을 쏘아 올려 민간인이 우주 여행을 할 수 있게 하거나 전기차를 보급하고, 시속 1000킬로미터로 주행하는 초고속 자기부상 열차로 교통 대혁명을 만들고자 합니다. 이런 회사에서는 인재 채용을 어떻게 할까요?

일론 머스크는 한 인터뷰에서, 회사에서 채용 관련 절차를 밟을 때 지원자에게 과거에 어려움을 겪어 보았는지, 어려움을 겪었다면 어떻게 풀어냈고, 그 과정에서 성취한 것은 무엇이었는지를 질문한다고 합니다. 그리고 성취한 것 중에서 지원자가 책임을 지고 성취한 것과 부분적으로 성취한 것에 대해서도 묻고요. 이 질문에 지원자가 대답하는 것을 보면 기여도가 어느 정도인지 알 수 있다고 합니다. 자기가 책임을 지고 어려움을 극복한 사람은 그 과정을 세밀하게 답변하는데 그렇지 않은 사람은 대답이 불분명하다는 것이죠. 여기에 덧붙여 탁월한 인재를 뽑고자 할 때 학벌은 전혀 중시하지 않으며, 대학은 물론 고등학교 졸업 여부도 중요하지 않다고 말합니다.

그렇다면 국내 기업들은 어떨까요? 그동안 국내 기업들 가운데서 데이터로 학벌과 일 잘하는 능력의 상관관계를 규명하여 발표한 곳이 전무했습니다. 너무도 그 관계가 당연해서 그랬을 수 있습니다. 그런데 저희가 2021년에 어느 유명한 대학 병원의 간호사들을 대상으로 그 대학 병원의 채용 담당팀이 조사한 결과를 입수했습니다. 간호사가 졸업한 대학의 랭킹과 그 간호사가 병원에서 인사고과 평균을 얻은 결괏값을 서로 비교한 거예요. 그런데 흥미롭게도 S등급 대학 출신의 인사고과 평균과 D등급 대학 출신의 결과를 비교해 보니 오히려 D등급 대학 출신이 더 높았습니다. 이것을 보면서 학벌이 간호사 일을 하는 것과는 상관관계가 그렇게 크지 않구나, 오히려 부정

학교 등급	인원(명)	인사고과 평균
S	33	74.7
A	179	76.6
B	501	73.9
C	483	74.9
D	427	75.2
E	505	74.0
총합계	**2,129**	**74.7**

P대학 병원 간호사들 '학벌과 성과' 상관관계

출처: 교육의봄 포럼 자료집(2021.3)

적일 수도 있겠구나 하는 것을 확인할 수 있었습니다.

학벌이냐 역량이냐 선택해야 할 때

또 다른 예를 소개하겠습니다. 이형우 회장님이 이끄는 마이다스아이티에서 11개 기업의 5~6개의 업종에서 일하는 2400여 명의 직원들을 대상으로 학벌 스펙과 일 잘하는 능력의 상관관계를 규명한 적이 있습니다. 저희가 별도로 포럼을 열고 그 기관의 데이터를 확인해 보니 업무 성과가 학벌 순이 아니라는 것이 사실로 드러났어요. 이런 데이터를 제시하면 많은 분들은 '서비스업이나 판매직의 경우는 그럴 수 있지만 연구직은 다르다'라고 비판합니다.

그래서 저희가 또 파 봤죠. 그랬더니 2016년에 어느 유명한 전자 회사의 채용 인사 담당자가 자기 회사의 연구원 792명을 대상으로 일 잘하는 능력과 학벌 등의 상관관계를 조사한 것을 확인할 수 있었습니다. 그 담당자는 대학을 1군, 2군, 3군으로 나누고 해당 대학 출신자들의 성과를 살펴보았습니다. 그 결과 놀랍게도 연구직이라도 학벌과 일 잘하는 능력은 별 상관관계가 없었습니다. 입사 4년 차부터 3군 대학 출신이 2군 대학 출신보다 업무 성과가 높아졌고 5년 차에는 2, 3군 대학 출신이 1군 대학 출신을 앞서는 것으로 결과가 나온 것입니다.

반면에 이것과 반대되는 데이터, 즉 '학벌이 일 잘하는 능력과 상관관계가 있다'는 주장을 입증하는 자료는 하나도 없었습니다. 물론 당연하니 입증할 필요가 없었다고 말할 수도 있겠습니다. 하지만 최신 데이터는 새로운 결과를 말해 줍니다. 30~40년 전의 것도 아니고 최근 들어서 이런 일들이 벌어지니까 최근 산업 변화와 일 잘하는 능력의 상관관계가 과거와는 다른 양상을 보이는 것을 암시하는 것이겠구나, 그렇게 판단한 것입니다.

이런 반론도 가능합니다. '그 연구는 한 가지 중요한 전제가 있다. 즉, 처음부터 학벌 스펙이 형편없는 사람은 뽑지 않고 비슷한 학벌을 갖춘 사람들을 뽑아서 그 위에서 일 잘하는 능력을 비교하니까 학벌보다는 다른 요인이 크게 영향을 미친 것처럼 보이는 것이 아니냐. 그러나 채용할 때 학벌 스펙 등이 아주 다른 사람들을 합격시켜

놓고 비교하면 결국 기본적인 학벌 스펙을 무시할 수 없을 것이다.'

그래서 그 점도 추적했습니다. R&D 연구원 792명의 출신 학교 분포를 살펴본 것입니다. 1군 학교(대학 랭킹 1~5위)는 62명, 2군 학교(대학 랭킹 6~20위)는 349명, 3군 학교, 즉 21~100위 대학 출신 연구원은 381명이었습니다. 학벌 스펙이 넓게 퍼져 있는 것을 볼 수 있습니다. 그런데도 2군, 3군 대학 출신 연구원들이 4~5년 정도 지나니까 1군 대학 출신보다 더 성과를 냈습니다. 따라서 이 결과를 보면 위의 반론도 근거가 약해집니다.

또 이런 의구심도 가능합니다. '기업이 학벌을 안 본다고 했지만 입사해 보니까 학벌 좋은 사람들이 너무 많더라. 다시 말해 학벌 중심으로 안 뽑는다고 했지만 결과적으로 학벌 좋은 사람이 뽑혔다'라는 지적 말입니다. 좋은 기업에 입사하기 위해서는 결과적으로 학벌이 중요하니 학벌을 갖추어야 한다는 것입니다. 그런데요, 아무렴, 일 잘하는 능력을 중심으로 채용한다고 해서 학벌 나쁜 사람만 뽑는 기업이 있겠습니까? 또는 역량이 좋으면서 학벌도 좋은 사람을 뽑으려는 경향이 왜 없겠습니까? 여기서 중요한 것은 이것을 어떻게 해석할 것인가의 문제입니다.

다음 표를 보면 학벌이 아니라 일 잘하는 능력, 즉 역량 중심으로 채용하고자 하는 흐름(A 흐름)이 있습니다. 이와는 달리 학벌 중심으로 채용하려는 흐름(B 흐름)이 있습니다. 학벌 중심에서 역량 중심으

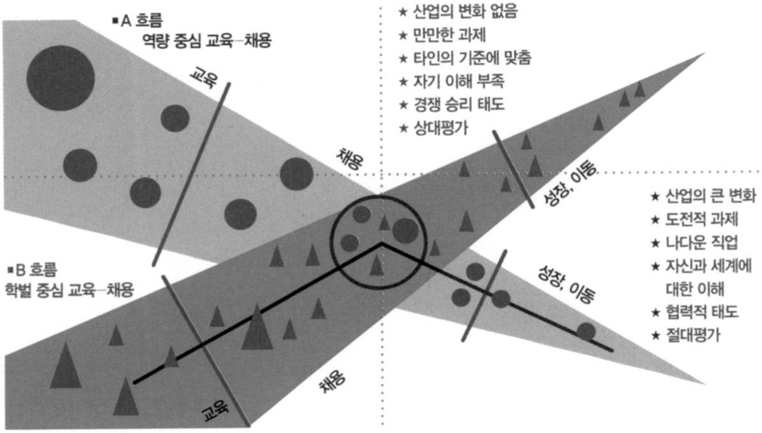

로 채용하는 흐름으로 전환되어도 두 흐름의 교집합, 즉 역량은 물론 학벌까지 갖춘 유능한 직원이 뽑힐 수 있습니다. 그러니까 학벌 중심에서 역량 중심으로 채용의 패러다임이 바뀌어도 역량과 학벌 모두 좋은 사람이 있을 수 있다는 말입니다. 그럴 때 이 부분을 어떻게 해석할 것인가의 문제입니다.

이때 우리는 '학벌과 역량 모두 갖춘 사람을 뽑는구나. 그러니까 역량도 중요하지만 학벌도 갖추어야 해!'라고 생각할 수 있습니다. 그러나 그것은 부분적인 현상입니다. 학벌도 좋고 역량도 좋은 사람이 있겠지만, 역량만 좋은 사람도 채용된다는 점을 잊지 말아야 합니다. 다시 말해 역량과 학벌 모두 좋은 사람을 뽑자는 것이 아니라, 역량을 중심으로 사람을 뽑고자 했는데 학벌이 좋은 사람도 뽑힐 수 있다는 것입니다.

한 가지 유의할 것은 학벌이 좋다고 해서 그것이 역량까지 보증해 주지 않는다는 점입니다. 학벌과 역량의 상관관계가 그리 높지 않다는 것은 이미 앞의 연구 결과로 규명되었습니다. 우연히 두 요소가 다 있다고 해서 둘을 다 준비해야 한다고 말하는 것은 잘못된 해석입니다. 교육은 선택입니다. 아이를 가르칠 때 한 시점에 한 가지만 선택해야 해요. 즉, 아이를 키울 때 학벌은 별로 좋지 않지만 역량이 뛰어난 아이로 키우든지 아니면 내면의 역량은 부족하지만 학벌이 좋은 아이로 키우든지 둘 중에 하나를 선택해야 합니다. 그런 선택이 쌓여서 누적된 값이 아이의 미래를 결정합니다.

더 큰 문제는 학벌로 입사한 이후입니다. 학벌을 잘 갖추어도 역량 중심의 채용 시대에 얼마든지 취업할 수 있다고 가정해 봅시다. 그는 초·중·고에서 학벌 스펙 중심으로 이력을 갖추었습니다. 그런데 그 스펙을 가장 중요한 것으로 보고 살아왔다면 무슨 문제가 벌어집니까? 타인의 기준에 자기를 맞추고 자기 내면이 비어 있는 상태에서, 오직 학벌 따는 경쟁에서 승리하고자 하는 욕구만 추구하며 산 셈이지 않습니까? 그러나 요즘 기업 문화는 자신과 세계에 관심을 갖고 남과 협력하며 도전적인 과제를 다루는 사람을 중시합니다. 그러므로 직업 세계에서는 초·중·고 시절 학벌을 얻기 위한 경쟁에서 이기는 훈련만을 연마한 경험이 오히려 독이 될 수 있습니다.

물론 학교에서 학벌을 얻기 위한 교육을 받았다고 하더라도 취업 이후에 마음과 태도를 바꾼다면 그렇게 되지 않을 것이라고 말하는 사람도 있을 것입니다. 그러나 지금껏 남과의 경쟁에서 이기는 것만을 훈련한 사람이 갑자기 타인 중심의 태도를 갖는다는 것이 쉽겠습니까? 그런 사람들이 역량 중심의 기업 문화에 적응한다는 것은 쉽지 않습니다. 학벌 중심의 입시 교육에 20여 년간 노출되었다고 해도 때가 되면 역량 중심의 기업 문화에 적응할 수 있다고 한다면 그것은 사람이나 기업에 대한 이해가 부족한 것입니다. 사람은 그렇게 쉽게 바뀌는 존재가 아닙니다.

따라서 학벌 스펙이 아니라 역량 중심의 교육과 채용의 흐름을 타며 아이를 그런 방식으로 키워야 합니다. 그래야 후회하지 않습니다. 학벌과 역량 모두를 기업이 요구한다는 말에 휘둘리지 말고 그 중 하나를 선택해서 아이를 키워야 합니다. 그 속에서 아이가 자기다움을 발견한 채 지식의 세계로 뻗어 나갈 수 있게 해야 합니다.

앞으로 채용 시장은 어떻게 변할까?

학벌 없는 채용, 학벌에 의존하지 않는 채용 시대의 전망에 대해서 살펴보겠습니다. 학벌 없는 혹은 학벌에 의존하지 않는 채용은 앞으로 대세가 될 것입니다. 몇 가지 근거가 있습니다. 지금 채용 영역에서 공정성 시비가 갈수록 커지고 있습니다. 산업이 바뀌고 있고,

스타트업이나 IT 업계의 인력난이 심각합니다. 나아가 학벌이 일 잘하는 능력을 대표하는 것도 아닙니다. 이런 점을 미루어 볼 때 학벌 없는 채용이 대세가 될 것입니다.

그동안 기업이 채용 과정에서 학벌을 중시했던 것은 나름의 이유가 있습니다. 사람의 진짜 능력을 직접 확인할 길이 없으니 학벌 스펙으로 그 능력을 추정한 것입니다. 다시 말해 지금까지 기업들의 채용 철학은 인풋 중심이었습니다. 출신 학교와 전공, 학점, 필기시험, 영어 점수 등을 통해 그 사람의 능력을 미루어 짐작했던 것이죠. 당연히 그것들은 일하는 능력을 정확히 알아내는 데는 한계가 있습니다. 다만, 일하는 능력을 추정하는 단서가 될 수는 있었죠. 다른 직접적인 평가 도구가 없으니 이 단서를 활용해서 그동안 채용한 것입니다.

그런데 이렇게 채용했더니 정확도가 떨어졌습니다. 그사이에 일하는 능력을 확인할 수 있는 직접적인 방법이 개발되었습니다. 실제 능력을 평가하는 아웃풋 중심으로 채용이 바뀐 것입니다. 다단계 인터뷰와 포트폴리오, 추천제, 인턴제, AI 면접, AI 역량검사 같은 것이 그것입니다. 그렇게 그 사람의 일하는 능력을 정확하고 직접적으로 확인하는 방식으로 채용의 트렌드가 바뀌고 있습니다. 인풋 중심에서 아웃풋 중심으로 말이죠.

그동안 인풋 중심에서 아웃풋 중심으로 채용 방식을 바꾸려고 해도 사람 속에 있는 진짜 역량을 볼 수 있는 정확한 방법이 없었습니다. 이제 그 문제를 푸는 기술의 시대가 열렸습니다. 마이다스아이티의 역량검사, 제네시스랩Genesis Lab의 AI 면접 등이 그것입니다. 사람의 진짜 역량을 파악할 수 있는 기술의 시대가 활짝 열린 것이죠. 이는 채용 영역에서 거짓말 탐지기가 개발되었다는 것과 비슷합니다. 채용에 AI 기술이 도입된 지 4~5년밖에 지나지 않았는데 이 정도로 바뀌었다면 앞으로 고등학교 1학년 남학생이 직장 가는 데에 걸리는 시간 10년, 초등학생이라면 20년 정도 걸릴 텐데, 그동안 AI 기술은 또 얼마나 발전할까요? 이런 것을 생각하면 인풋 중심에서 아웃풋 중심으로 채용이 바뀌는 것은 불가피한 대세일 것입니다.

물론 지금은 하이브리드 시대입니다. 학벌 스펙을 중시하는 인풋 중심의 채용도 어느 정도 진행되고 있고, 동시에 AI 채용, 면접, 포트폴리오 기반 채용 등 아웃풋 중심 채용 도구도 뒤섞여 있습니다. 하이브리드, 이종異種이에요. 그럼 앞으로 어떻게 될까요? 아웃풋 중심의 채용에서는 우수한 사람이라고 추천했는데 학벌 스펙이 좋지 않아서 그 사람을 떨어뜨릴 수 있습니다. 학벌이 안 좋으니까요. 그러나 이런 데이터가 축적되면 나중에 그게 실수란 걸 알게 될 것입니다. 그 반대도 가능합니다.

이런 일들이 반복되면서 결국은 아웃풋 중심의 채용이 훨씬 정확하다는 사실을 알게 될 것입니다. 그렇다면 왜 굳이 돈을 들여 가면

서까지 전통적인 인풋 중심의 채용 방식을 혼용할까요? 결국 아웃풋 중심의 채용으로 이동하게 될 것이고, 지금의 인풋과 아웃풋을 동시에 구사하는 하이브리드 시대는 사라질 것입니다.

자동차를 예로 들어 볼까요? 현재 일반 내연 기관 자동차에서 전기차로 이동하고 있습니다. 그러나 사람들이 전기차를 받아들이는 데 나타나는 정서적인 어려움과 경제에 미칠 파장 등을 고려해서 전기차로 일거에 바꾸지는 못합니다. 그래서 내연 기관 자동차와 전기차가 결합된 하이브리드 자동차가 등장했습니다.

그렇다면 한국에서 하이브리드 자동차를 사는 흐름이 대세가 될까요? 이는 몇 년 동안 잠시 유지될 과도기적 현상에 지나지 않습니다. 이야기를 들어 보니 현대자동차만 해도 2025년에 제네시스를 100퍼센트 전기차로 생산하고 일반 자동차도 2030년에 100퍼센트 전기차로 전환한다고 합니다.

채용도 그렇게 갈 것입니다. 기술이 발전하고 있고, 아웃풋 방식의 채용이 정확하다는 인식이 자리를 잡으면, 굳이 채용 과정에 혼선을 주는 인풋 중심 채용 도구를 섞으려 하지 않을 것입니다. 이렇게 학벌 중심의 채용은 퇴조할 것입니다.

여기에 대해서 'IT 기업이나 스타트업이 그렇게 할 뿐 대기업은 앞으로도 계속 학벌을 중시할 거야'라고 반박할 수 있습니다. 그와 관련해서 저는 다음 이야기를 들려드리고 싶습니다. 엔픽셀NPIXEL의

박세헌 경영지원총괄의 분석과 전망입니다. 참고로 이 회사는 개발 직만이 아니라 비개발직도 학벌을 전혀 안 보고 채용하는 IT 기업입니다.

그는 IT 기업의 학벌에 의존하지 않는 채용 트렌드가 일반 대기업으로도 확산될 것이라고 분석했습니다. 그 이유는 전통적 대기업과 IT 기업의 경계가 갈수록 허물어지고 있기 때문이라는 것이죠. 신세계백화점이 SSG 때문에 쿠팡과 경쟁 업체가 되었고, 현대자동차와 애플이 애플카 때문에 경쟁 회사가 되었습니다. 즉, 기업 간 경계가 무너지고 전통적인 산업을 새로운 산업이 잠식하는 융합의 시대가 되다 보니까 이렇게 IT 기업에서 유능한 인재를 뽑기 위한 좋은 시도들이 성과를 내면서 전통적인 대기업도 IT 기업의 채용 방식을 따라 하지 않으면 우수한 사람을 못 뽑는다는 것입니다. 모든 대기업들이 그렇게 하지 않더라도 새로운 산업과 연결된 대기업은 그렇게 변모할 수밖에 없고, 그런 새로운 산업과 연결된 대기업들이 대세를 끌고 가는 한 모든 기업 또한 그런 방향으로 갈 수밖에 없다는 것입니다. 설득력 있는 주장이라고 생각합니다.

학벌 없는 채용의 시대가 교육에 주는 의미

이것이 교육에 주는 의미는 무엇일까요? 문제 해결력, 협업 능력, 자립심, 타인의 성공에 기여하는 리더십은 학벌 없는 채용의 시대에 필요한 역량입니다. 그 능력을 기르기 위해서는 어떤 평가 체제가 필요할까요? 절대평가입니다. 남과 비교해서 우월함을 입증하는 평가 제도는 학벌 없는 채용의 시대에 맞지 않습니다. 협업 능력을 길러 내려면 절대평가가 필요합니다. 한 기업에서 직원들이 협업하지 않으면 경쟁사와의 경쟁에서 이길 수 없습니다. 그래서 세계적 기업들은 상대평가를 폐지하는 추세입니다. 우리나라도 현대자동차, 두산, LG 등이 절대평가로 전환했고, 마침내 삼성전자도 2021년 11월에 대부분 절대평가로 전환하기로 방침을 정했습니다. 이런 일련의 흐름은 기업들이 갑자기 착해져서가 아닙니다. 기업 간 국제 경쟁에서 이기기 위해서는 협업이 필요하고, 서로 비교하고 경쟁하는 상대평가가 독이 된다는 것을 깨달았기 때문입니다.

재미있습니다. 상대평가는 경쟁에서 필요한 평가 방식인데, 경쟁에서 이기기 위해서 절대평가가 필요하다는 것이니까요. 다른 기업들과의 경쟁에서 이기기 위해서는 같은 회사의 직원들끼리는 철저하게 협업해야 한다는, 그러니까 협업만이 경쟁에서 이기는 힘이라는 역설입니다. 삼성전자가 이렇게 바뀌었다면 우리나라 기업의 평가 방식은 끝난 것이라고 할 수 있습니다.

그렇다면 이런 시대에 학교에서 길러야 할 중점 능력은 무엇일까요? 저는 늘 다음의 그래프를 통해서 그 능력을 설명해 왔습니다.

먼저 초등학교와 중학교 때는 자존감과 자기 정체성을 길러 내는

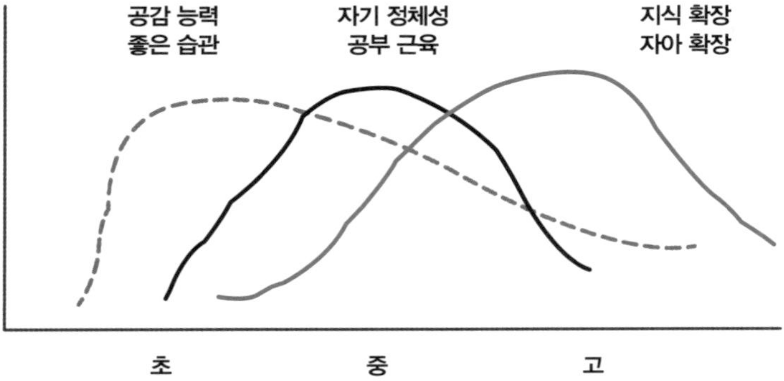

학교급별 중점 능력

출처: 사교육걱정없는세상

데 주력해야 합니다. 그것을 기반으로 고등학교 때는 타인에 대한 관심 속에서 자아와 지식을 확장하는 일에 힘써야 합니다. 그런데 문제는 지금의 교육 평가 제도는 사람을 그렇게 키워 내는 체제가 아니라는 것입니다. 고교 체제는 서열화되어 있고 내신과 수능은 상대평가로 운영되어 남과 싸워서 이기는 경쟁 DNA를 내면화시키는 교육을 합니다. '학교에 적응하다가 망해라!' 이런 저주의 교육인 셈입니다. 그러니 현재의 상대평가 대학 입시와 내신 제도를 하루속히 절대평가 체제로 바꾸어야 합니다.

입시 경쟁에서 승리해도 직업 세계에 들어가서 환영받지 못하면 무슨 소용이 있겠습니까? 그때까지 우리 아이는 대체 어떻게 하란 말이냐고 물을 수도 있습니다. 학교 교육과 평가가 잘못 돌아가도 대처할 길은 있습니다. 저희가 2022년부터 학벌에 의존하지 않는 좋은 채용을 하는 기업들을 찾아 그 책임자들을 인터뷰하고 있습니다. 참 대단한 분들이더군요. 그들은 직장을 몇 군데 옮겨 다녀도 불안해하지 않습니다. 대학을 휴학하고 스타트업을 운영합니다. 대학으로 돌아갈 생각도 없습니다. 그래서 그들에게 물어봤어요. "이렇게 전직을 하고 또 학교를 졸업하지도 않으면 불안하지 않아요?" 그들은 자기 일에서 매력을 느낀다고 합니다. 앞으로가 기대된다고 합니다. 적응력이 뛰어난 분들이죠.

그래서 더 물어봤습니다. 학교에서 남들과 똑같이 입시 교육을 받았는데 어떻게 이렇게 자신감이 있고 미래지향적인 역량을 갖추게 되었는가, 부모님의 영향이 있었는가를 말이죠. 그들은 하나같이 "내가 하려는 것을 부모님이 막은 적이 한 번도 없습니다"라고 대답했습니다. 어떤 분은 아버지가 IMF로 실직 상태였음에도 불구하고 자신의 진로와 관련해서 "공부 외에 할 줄 아는 것이 아무것도 없는 것을 부끄러워하거라"라고 말씀하셨다고 합니다.

저는 아무리 학교 교육에 문제가 많아도 가정에서 부모가 중심을 잡고 아이의 선택을 존중하고, 그 속에 있는 아이다움을 훼손하지 않고 키운다면, 아이는 이 경쟁 사회에서도 훌륭한 역량을 가진 사람으로 자란다는 사실을 말씀드리고 싶습니다. 또한 학교도 그렇게 학생들의 선택을 존중하며 역량을 키우는 곳으로 바뀌어야 합니다.

교육의봄, 새로운 시대를 준비하다

앞으로 교육의봄이 무슨 일을 할 것인가에 대해 이야기하겠습니다. 우선 좋은 채용이 더욱 확산될 수 있도록 노력할 것입니다. 그 방법의 하나로 교육의 변화를 이끄는 좋은 채용을 하는 기업들을 찾는 일에 힘쓸 것입니다. 좋은 채용을 하는 기업 1000개 정도를 발굴해서 그 기업들을 서로 연결시키는 것이죠. 그 기업들이 발굴한 좋은 채용 경험과 대안을 공유하기만 해도 좋은 채용의 대안들이 시너지를 일으킬 것이라고 생각합니다.

그런데 이 많은 기업들을 언제 다 발굴합니까? 한 해에 100개를 발굴한다고 해도 10년이 걸립니다. 이런 식으로 하면 안 되겠죠. 아쇼카 이혜영 대표가 이야기한 러그마크라는 거 있죠? '우리는 아동의 노동력을 착취해서 카펫을 만들지 않습니다'라는 인증 마크를 붙여 노벨 평화상을 받은 사례 말입니다. 저희도 이것을 응용해 보면 어떨까 싶습니다. '우리는 입시 경쟁 중심의 교육이 아니라 새로운 방식의 교육을 응원하는 좋은 채용을 하는 기업입니다'라고 인증해주는 방식을 통해서 기업들 스스로가 사회적 공헌을 하는 기업으로 인증받고자 하는 흐름을 만드는 것이죠. 올해 좋은 채용을 하는 기업 100개 정도를 발굴하고 인증 제도를 도입해서 기업들이 자발적으로 저희와 협력하는 플랫폼을 만들고자 합니다. 그러려면 잡코리아, 잡플렉스, 원티드, 사람인 등과도 협력해야 합니다.

이런 작업이 어느 정도 궤도에 오르면 사람들 사이에 자연스럽게 직업 세계의 재편에 맞는 교육을 시키는 곳이 어디일까에 관심이 생길 것입니다. 지금은 그런 교육을 하는 학교에 대한 정보가 많지 않습니다. 기껏해야 간디학교, 이우학교, 남한산초등학교 등입니다. 그러니까 우리 아이는 초등학교에 이미 입학했으니 남한산초등학교는 안 되고, 산청 간디학교는 너무 멀고, 이우학교는 경쟁률이 높으니, 우리 아이는 망했다! 이렇게 생각할 수 있습니다.

그런데 사실은 그렇지 않습니다. 좋은 학교는 많은데 내가 알고 있는 학교가 적은 것뿐이죠. 그래서 연중행사로 좋은 채용을 하는 기업을 찾듯이 좋은 교육을 제공하는 기관들을 찾아볼 생각입니다. 일반 학교 중에서 좋은 교육을 하는 곳, 방과후 과정, 학교 바깥 교육기관을 찾아보는 것이죠. 그리고 그 기관들을 알려 주는 온라인 지도를 만들 생각입니다.

그럼 온라인 지도를 보고 우리 아이의 상급학교 진학을 결정할 수도 있을 것입니다. 또는 전학을 갈 때 이용할 수도 있겠죠. 그게 어려우면 방과후 과정이나 학교 바깥 교육과정에서도 이용할 수 있도록 체계적으로 정리할 것입니다. 그런 다음 이들 교육기관이 서로 연결하고 협력할 수 있도록 네트워크를 구축할 것입니다. 전용 플랫폼을 만드는 것입니다. 그 플랫폼에 들어가서 온라인 지도에서 내가 관심이 있는 지역을 선택하면 아이를 맡길 수 있는 교육기관들이 성격

별로 학교급별로 죽 나오고, 그 학교에 대한 상세 설명이 나온다면 얼마나 편하고 안심이 되겠습니까?

이것은 사업 비밀입니다. 그럼에도 말하는 이유는 이렇게 공개해도 이 사업을 따라 하겠다는 데가 없기 때문입니다. 따라 해도 좋아요. 저희는 일을 덜 수 있으니까요. 그들이 이런 일들을 감당해 주면 저희는 다른 일에 집중하면 되거든요. 그러니 여러분도 이 아이디어를 성사시키는 사업에 욕심을 내기 바랍니다.

이렇게 좋은 채용을 하는 기업들을 위한 온라인 플랫폼을 만들고, 좋은 교육을 하는 기관들을 묶어 내는 플랫폼을 만든 다음 이것을 연결시키는 단계로 넘어갑니다. 그렇게 하면 엄청난 시너지가 생길 것입니다. 물론 이것은 기술이 있어야 가능합니다. 저희는 의지와 안목이 있으면 기술은 뒤따라오는 것이라 생각하고 그림을 더 구체화할 생각입니다.

교육 따로, 채용 따로가 되지 않으려면

여기에 한 가지를 더 추가합니다. 우리나라 사람들은 학교와 기업을 분리해서 생각합니다. 교육 따로, 채용 따로입니다. 그러나 우리가 아이를 학교에 보내는 이유는 학교에서 살다가 학교에서 끝내라는 기대 때문이 아닙니다. 그 기대를 충족시키는 직업군은 교직밖에 없어요. 우리 아이들 대부분은 학교를 마치고 직업 사회로 가서 거기서 학교에서 배운 능력을 발휘하며 살아야 합니다. 따라서 학교에서 직업 세계를 염두에 두고 무엇인가를 생각한다는 것이 반교육적인 것은 아닙니다. 그 두 가지를 연결할 때, 교육의 방향에 주는 시사점이 생깁니다.

기업의 영역에서 소비자의 필요를 채우고 누군가의 고통과 불편함을 해소하고 세상의 문제를 풀어내기 위해서 애쓴다면 그것만큼 교육적인 것도 없습니다. 그런 미래를 위해 현재의 교육을 생각한다면 그것은 유익한 일입니다. 또한 기업이 그렇게 세상의 문제, 사람들의 고통을 풀어내는 일을 위해 필요한 역량을 길러 내도록 학교 교육이 고민한다는 것 또한 자연스러운 일입니다. 따라서 기업과 학교, 채용과 교육은 만나야 합니다. 만나서 기업의 참된 의미, 교육의 참된 기능을 이야기하다 보면 서로가 통한다는 것을 알게 될 것입니다. 그런데 그동안 기업가들과 학교 교육자들의 만남이 없었습니다.

얼마 전 서울 강남의 한 고등학교 교장 선생님이 학부모들에게 "이제 서울대에 몇 명 보냈는지 물어보지 마십시오"라고 한 말을 언론에서 대서특필했습니다. 이런 분이 혁신적인 기업가들과 만나야 합니다. 그 둘이 만나면 불꽃이 일어날 것입니다. 한두 명이 아니고 몇십 명, 몇백 명이 모여서 이야기하면 더 큰 불이 일어날 것입니다.

기업가는 말할 것입니다. '당신들이 가르쳤던 그 혁신적 교육 방식이 우리가 길러 내려고 했던 인재 채용 방식과 일치합니다. 그러니 앞으로도 그 철학을 지켜 주십시오.' 그럼 교육자는 이렇게 응답하겠죠. '당신들이 회사에서 인재를 채용하는 새로운 방식을 보니 우리가 아이들을 길러 낸 교육 방식이 옳았다는 것이 증명되었군요. 그러니 앞으로도 그 채용 방식을 고수해 주십시오.' 그렇게 서로가 서로에게 위로가 되는 만남, 우리가 그것을 만들어야 합니다. 아주 의미 있는 일이 아닙니까?

대학 입시 판도 확 바꾸려고 합니다. 그동안 대학 입시는 정시 확대냐 수시 확대냐를 두고 소모적인 논쟁을 해 왔습니다. 이제 그런 논쟁을 멈추자, 세상과 산업이 급변하고 있으니 그에 호응하는 입시 체제를 위한 근본적인 변화를 생각하자, 이런 제안을 하려고 합니다. 사실 현재와 같은 대학 입시는 앞으로 소용이 없습니다. 출산율이 감소하고 대학 진학률도 떨어지고 있습니다. 채용에서는 학벌의 쓰임새가 약해지고 있습니다. 그러니까 특정 학교에 입학해야 한다는 절박감도 옛날보다 덜합니다. 입시는 왜 필요합니까? 대학에 들어가려는 사람은 많은데 받아 줄 학교는 적으니까 그것을 공정하게 분배하는 시스템이 입시 제도 아닙니까? 그런데 들어가려는 사람이 적고 받아 줄 곳이 많은 시대가 온다면, 입시 제도를 통해서 사람들의 욕망을 치밀하게 분배할 필요가 없습니다.

우리 아이들 80~90퍼센트는 그런 입시 경쟁 체제 속에서 시달릴 필요가 없습니다. 그런데 왜 대다수의 아이들이 나머지 10퍼센트를 위한 들러리가 되어 초·중·고 시절을 낭비해야 하나요? 앞선 강연에서 임팩트스퀘어 도현명 대표는 나다운 직업을 갖는 게 중요하다고 말했습니다. 스카이 대학에 들어가야 나다운 직업이 담보가 될까요? 그건 아니지 않습니까? 오히려 그런 학벌을 갖추기 위해서 나다움을 소홀히 한다면 직업 세계 속에서 내 미래는 더욱 어두워질 것입니다.

그래서 입시의 판을 확 바꾸려고 합니다. 이를 위해서 사교육계에 있었거나 지금도 일하고 있는 양심적인 분들, 공교육의 혁신 마인드를 가지고 있는 분들, 기업의 혁신적 기업가들, 전현직 교육부 장관, 그리고 여야 의원들이 모두 모여 교육과 채용을 통합하는 새로운 담론을 나누자는 것입니다.

물론 이런 입시의 획기적 변화를 기대하기 전에라도 현 제도에 균열을 낼 수 있는 비책을 가지고 있습니다. 바로 창업 대안학교, 창업학교라는 콘셉트로 고등학교 시스템을 확 바꾸는 것입니다. 지금 기술계 고등학교의 고교 입학률과 취업률이 떨어집니다. 대안학교는 공교육의 혁신학교 때문에 대안학교 프로그램을 빼앗겼다고 생각합니다. 대안학교 역시 진학률이 떨어져서 힘들어합니다. 그래서 일부 대안학교에서는 학부모의 선택을 받기 위해서 대안 교육만이 아니라 입시 교육도 해야 한다는 흐름도 나타납니다. 그러나 대안학교가 입시 교육도 하는 '혼합형 교육'을 실시하면 대안 교육은 그날로 망합니다. 이 문제를 어떻게 풀어야 할까요? 창업 대안학교, 창업 특성화고등학교를 만드는 것입니다.

그러려면 특성화고등학교가 전통적 산업과 연계된 상태를 벗어나야 합니다. 기술계 고교 교육과정을 전통적 산업이 아니라 새로운 산업과도 연계해서 운영하는 것입니다. 대안학교는 기존의 전인적 교육 위에 입시 교육을 얹는 것이 아니라, 새로운 산업 기술을 접목시켜야 합니다. 예를 들어 1학년 때는 자기다움을 발견하기 위해 내가 누군지를 탐색합니다. 여행이 좋습니다. 직업계 고등학생들에게 해외 여행 경비를 지원하면서 여행을 통해서 자신과 세계를 탐색하게 합니다. 이웃에 대한 탐색과 자기 자신에 대한 탐색은 서로 어긋나는 게 아닙니다. 세계를 알고 다른 사람을 알게 되면 자기를 아는 과정에도 자극이 됩니다. 이런 1학년 과정을 통해서 계속 내가 누군가를 알아 가는 교육과정을 진행하자는 것입니다.

2학년 때는 그 과정에서 내가 관심을 갖는 사회와 세상의 문제, 좁게는 우리 지역의 문제 중 하나에 집중해서 작은 프로젝트를 수행합니다. 그러다 보면 3년 동안 내 인생을 걸고 풀어야 할 큰 프로젝트를 발견할 것입니다. 3학년 때는 이 프로젝트를 해결해 보는 것이죠. 문제를 풀다 보면 자연스럽게 기술이 필요하게 됩니다. 학생이 사회 문제에 관심이 있고 해법의 아이디어는 있는데 기술이 없다면 기술을 습득하는 데도 관심이 높아집니다. 그러나 그런 세세한 기술은 학교에서 일일이 제공해 줄 수 없습니다. 그럴 때는 학교 바깥의 자원을 활용해야 합니다. 예컨대 관련 회사의 전문가가 멘토가 되어 학교를 방문하여 기술을 알려 줄 수도 있습니다.

이렇게 대안학교와 기술계고가 창업적 관점으로 학교 방향을 전환하도록 하는 것입니다. 그렇게 하다 보면 교육과정을 여러 개 만들어야 할 수도 있습니다. 아이들이 원하는 과제 탐색 방법이 한두 개가 아니거든요. 10명이면 10개의 교육과정이 나올 수도 있습니다. 그럼 선생님은 고달프겠죠. 그러나 선생님에게 모든 역할을 맡기는 것이 아닙니다. 지역사회와 회사가 돕는 방식으로 학생과 바깥세상을 연결시켜 주면서 선생님은 아이들의 교육과정 경로를 연결해 주고 뒤따라가게 합니다. 교사가 주도하는 방식을 내려놓고 학생에게 주도권을 주는 것이죠. 그렇게 하면 학생이 '참여하는' 형태를 넘어서 '설계하는' 교육과정으로 발전할 것입니다. 물론 이것을 지금의 공교육에서 시도하기는 어렵겠지만, 대안학교나 기술계고에서 자율학교 형태로 시도하는 것은 가능합니다.

이렇게 하면 무엇이 좋아집니까? 입시와 관계없이 고등학교가 완성형 교육기관이 되어 졸업 후 곧바로 스타트업이나 IT 업계에 취업해서 일을 배울 수 있습니다. 그리고 예비 창업자로서의 경험을 쌓은 다음에 창업을 시도할 수도 있습니다.

김자유 씨는 '누구나데이터'라는 회사의 CEO입니다. 제가 사교육격정없는세상 대표로 있을 때 그는 고등학교를 졸업하고 저희 기관에 와서 인턴을 하고 연구원으로 2년간 일을 한 후 외국계 IT 기업에서 2~3년 정도 경험을 쌓다가 창업을 했습니다. 누구나데이터는 비영리 단체의 후원자 데이터 관리 및 분석을 해 주고 쉽게 홈페이지를 구성해 운영할 수 있도록 돕는 기업인데, 이 서비스를 이용하는 기관이 500여 개이고 직원들이 6명가량입니다. 지금 28세인데, 벌써 기업을 일군 것이죠. 이런 진로 경로가 얼마나 매력적입니까! 이런 길로 가도록 아이들을 길러 주고 나중에 대학 교육은 필요하면 받고 아니면 건너뛰어도 좋은 방식으로 제도 설계를 해 보자는 것입니다.

옛길과 결별하고 새로운 길을 만들어야 할 때

1980년대에 강릉에 가려면 대관령 아흔아홉 고갯길을 넘어야 했습니다. 시간도 많이 걸리고 힘들기도 했습니다. 그렇게 가는 것이 지금의 대학 입시 제도입니다. 그러나 이제는 강릉으로 가는 고속도로가 뚫리고, KTX도 생겼습니다. 이렇게 새로운 길을 만들어 쉽게 가듯이, 창업고등학교를 만들어서 새로운 산업과 연결하고 길을 낸다면 그쪽으로 사람들이 갈 것입니다. 이제 옛길은 경치를 구경하기 위해서 갈 뿐이죠. 그렇게 하자는 것입니다. 그러기 위해서 옛길과는 다른 매력적인 새로운 길을 만들자는 것이고, 창업고등학교가 그 길이라는 것입니다.

그리고 이런 생각을 적극적으로 세상에 알리려 합니다. 하지만 저희의 힘만으로는 부족합니다. 저희는 비어 있는 큰 그릇일 뿐입니다. 그리고 이 모든 것을 준비하겠다는 생각은 하지 않습니다. 저희는 교육 실천 그룹들과 협업해서 내용을 채우고, 연구 집단과 협력해서 연구 위탁을 하고, 후원 그룹을 발굴해서 재정을 확보하려 합니다. 저희는 직원도 많지 않습니다. '우리 바깥에 있는 기관들이 모두 우리의 직원이다'라는 보다 폭넓은 개념으로 네트워크를 만들어 일을 하고자 합니다. 공동대표와 연구원들도 더 있어야 하고, 후원자도 많이 필요합니다. 거액 후원자도 필요하고요. 앞으로 해야 할 일이 태산 같습니다.

그래도 저희는 걱정하지 않습니다. 크고 작은 세상의 문제를 풀기 위해서 자기의 모든 것을 걸고 나서서 문제를 풀어내고자 했던 기관이나 개인이 돈이 부족해서 하던 일을 멈추거나 실패했다는 이야기를 들어 본 적 있습니까? 저는 한 번도 들어 본 적이 없습니다. 그러므로 저희 기관의 장래도 걱정하지 않습니다.

이혜영 대표가 이야기했던 아쇼카 펠로우 선정 기준 다섯 가지를 교육의봄에도 대입해 볼 수 있을 것 같습니다. 저희는 새로운 변화를 만들기 위한 새로운 아이디어가 있습니다. 채용을 통해서 교육을 바꾸겠다는 관점에서 사회적 임팩트를 낼 수 있습니다. 기업가적 자질도 있다고 자부합니다. 창의성도 있습니다. 남들이 가지 않은 길을 가고자 하는 그런 것 말입니다. 윤리적 소양과 관련해서는 저희의 개인 이익을 추구하려는 이른바 '사심'이 적은 편입니다. 그래서 저희는 이 문제를 해결하기 위한 물적인 조건들도 갖춰질 것이라고 믿고 불안해하지 않습니다.

아마 여러분이 후원자로서 교육의봄을 따라가 보면 문제를 풀겠다고 자기의 모든 것을 쏟아붓고 창의적으로 일하는 운동이 어떻게 재정의 한계를 돌파하는지를 보게 될 것입니다. 그것은 여러분에게도 큰 자극이 될 것입니다. 돈의 한계에 사로잡혀 갇힌 내 상상력이 열리며, 나도 내 생애를 통해서 돈보다 더욱 중요한 것, 누군가가 겪는 고통의 문제를 해결하는 데 인생을 쏟으면 돈은 뒤따라온다는 것을 온몸으로 경험할 테니까요. 그로 인해 얻게 되는 인생의 유익은 말로 할 수 없을 만큼 큽니다. 함께 이 길을 가 봅시다.

질의응답

사회자

▸ 교육의봄 공동대표 윤지희입니다. 송인수 선생님 대신 제가 사회를 보게 되었습니다. 송 선생님은 지금도 일주일에 두세 번 강연을 나가시는데, 오늘 강연을 위해서 어젯밤 늦게까지 사무실에 남아서 PPT를 새롭게 만들고 고치고 하셨습니다. 그만큼 준비를 많이 한 것인데요. 송 선생님은 강연을 통해서 저희가 지금 하는 일이 무엇이고 앞으로 가고자 하는 길이 어떤 것인지를 말씀하셨습니다. 선생님의 강연 관련해서는 질의응답보다는 오늘 오신 분들의 말씀과 소감을 듣는 것으로 할까 합니다.

소감 1

▸ 저는 교육청에서 학부모 지원 업무를 담당하는 공무원입니다. 우리 교육이 학부모에게 어떤 지원을 해야 하는지 고민하며 학부모회를 지원하거나 학부모 교육을 추진하고 있습니다. 송인수 대표님이 앞선 강연들을 일목요연하게 정리해 주셔서 더 잘 이해가 되었습니다. 감사합니다. 이혜영 대표님은 아쇼카 펠로우들을 대상으로 자신

의 삶에 영향을 준 존재들을 조사해 보니, 부모의 영향력이 가장 크다는 것이 밝혀졌다고 하셨습니다. 경기도 교육청에서 꿈의학교를 진행하면서 아이들에게 '내 인생에서 가장 영향을 많이 미치는 존재는 누구인가'라고 물었을 때도 1위가 부모였습니다. 그런데 정작 부모들은 길을 잃은 것 같습니다.

이런 상황에서 우리 교육의 바람직한 미래를 위해서는 송인수, 윤지희 대표님 같은 분들의 역할이 매우 중요하다고 생각합니다. 이 분들의 열정이 부모에게 다가가서 부모가 아이를 대하는 자세가 달라질 때, 우리 아이들의 삶도 달라지고 우리 교육 역시 바람직한 방향으로 바뀔 것이기 때문입니다. 그런 의미에서 오늘 강연을 들으면서 희망을 갖고 안도할 수 있게 되었습니다.

사회자

▸ 여기에 취재를 위해 기자 한 분이 오셨는데, 모셔서 이야기를 들어 보도록 하겠습니다.

소감 2

▸ 취재하러 왔는데 당혹스럽네요.(웃음) 1989년에 전교조가 출범했을 때 저는 고등학생이었습니다. 전교조 선생님들의 참교육을 지지하는 활동을 하다가 학교에서 무기정학을 당했습니다. 그게 30년도

더 지난 일입니다. 그때 상처가 깊어서 이후 교육에 관심을 갖지 않았습니다. 그래도 앞으로는 나아지겠지 하는 마음이 있었어요. 그런데 더 나아지기는커녕 우리 때처럼 전근대적인 교육이 계속되면서 희망이 사라져 갔습니다. 세상은 진보하지 않는구나, 우울한 마음마저 들었습니다. 그러다 채용의 변화를 통해서 교육을 바꾸려는 교육의봄 운동을 보며 희망을 품었습니다. 이 과제가 아주 핵심적이라는 생각을 했습니다.

물론 처음에는 의심도 했습니다. 교육의봄이 원하는 인간상이 기업의 요구에 맞추어 아이를 키우라는 말은 아닌가 싶었거든요. 기업이 원하는 인간상이 다 좋은 것은 아니잖아요. 물론 교육의봄이 그럴 리는 없겠지만요. 그런데 강연을 쭉 들어 보니 기업형 인간을 양산하겠다는 것이 아니라 세상이 변하고 있는데 그 변화에 교육이 어떻게 발맞춰 가야 하나, 기업의 변화를 통해 우리 교육의 해묵은 문제를 해결하고 아이들에게 자기다움과 삶의 의미를 주는 계기를 만들어 보자, 이런 이야기를 하시더군요. 저도 희망을 갖고 이번 취재를 한 것이 잘한 일이다 싶습니다. 잘 아시겠지만 교육의봄은 큰 꿈을 갖고 있습니다. 그 꿈이 현실이 되기를 기원하겠습니다.

사회자

▸ 기자님이 고등학생 때 겪었던 아픈 개인사까지 말씀해 주셔서 감

사합니다. 저희도 공감하는 이야기였습니다. 송인수 선생님은 과로로 집에서 쓰러져 죽는 게 꿈이다, 이렇게 종종 말씀하십니다. 이 땅의 아이들을 위해서 최선을 다하시겠다는 굳은 의지의 표현인 것이죠. 저희가 죽는 날까지 그 꿈을 놓지 않는 것도 중요하지만 부모와 교사 등이 함께 참여해서 그 꿈을 이어 가는 것도 그 못지않게 중요하다고 생각합니다.

예전에 TV에서 프랑스 TV 프로그램을 방송한 적이 있었습니다. 우리나라의 〈순간포착 세상에 이런 일이〉와 같은 프로그램에서, 우리나라 아이들이 학교에 갔다가 학교에 가는 시간만큼 또 학원에 가서 밤 12시, 1시까지 공부하고 지쳐서 돌아오고 또다시 다음 날 새벽에 일어나 학교에 가는 다람쥐 쳇바퀴 도는 삶을 보여 주었습니다. 세상에 이런 일이 존재한다, 희한하다는 관점이었습니다. 또 독일에서는 우리나라 교육을 취재하고 싶어서 왔는데 취재 끝에 이것은 교육 현장이라고 말할 수 없고 인권 고발로 방송을 해야겠다고 판단해서, 인권 고발 프로그램으로 성격을 바꾸어서 방송하기도 했다고 합니다.

K-팝을 비롯해서 K-드라마, K-영화, K-푸드, K-방역에 이르기까지 우리가 자긍심과 자부심을 갖는 영역이 늘어나고 있습니다. 그러나 교육만큼은 아직 자랑할 만한 것이 없습니다. 오히려 어디에 내놓기 부끄러운 부분이 있는 것도 사실이죠.

저는 부당하고 비정상적인 우리 교육 현장을 목도할 때마다 흥분하고 분노하고 공중부양하기 일쑤입니다. 비록 철이 없다고 비난을 받을지라도 죽는 날까지 그렇게 분노하고 공중부양하는 사람으로 살고 싶습니다. 대부분의 한국인은 신상품을 좋아하고 앞서 나가는 것을 좋아합니다. 그런데 교육에서만큼은 이 후진성을 수십 년 동안 고수하고 있습니다. 그 이유가 무엇일까요? 이 후진성을 벗어나는 것이 우리가 살아가는 날 동안 해결해야 할 과제라는 생각을 해봅니다.

송인수

▸ 저는 지금까지 말씀드렸던 목표와 계획을 갖고 쓰러지는 날까지 또는 우리 아이들이 행복한 날이 올 때까지 끝까지 책임지는 삶을 살 것입니다. 물론 그 일들을 감당하는 것은 사실 힘듭니다. 어느 누구도 가지 않은 길을 가기 때문에 그렇고, 맨땅에서 시작하는 것이기에 그렇습니다. 처음에는 사람들이 잘 이해하기 어려워하기도 하고요. 그래도 제가 이런 일들을 할 수 있는 기회를 부여받았다는 사실이 기쁘고 감사합니다. 참 모순적이죠. 힘들면 때려치워야 하는데, 감사하다니 말입니다. 그러나 사실입니다. 저는 제 속의 이 감사하다는 감정을 여러분도 함께 경험하면서 우리 아이들을 살리는 이 역사에 동참하기를 기대합니다. 여러분을 한 명도 놓지 않고 끝까지 가고 싶습니다. 감사합니다.